PETER DYCKHOFF

Maria bereitet uns den Weg

PETER DYCKHOFF

Maria bereitet uns den Weg

Biblische Meditationen über die Mutter Gottes

HERDER

FREIBURG · BASEL · WIEN

Inhalt

Maria, du Mutter des ewigen Wortes,
du bist in mein Schicksal gekommen,
als mir Angst und es dunkel war
und mein Leben zu zerbrechen drohte.
Du musstest viel Schweres ertragen
und hast zu allem geschwiegen.
Du hast deinen Sohn begleitet bis in den Tod –
im Glauben, dass es eine Auferstehung gibt.
Du bist die Wege Gottes gegangen
und aufgenommen worden in den Himmel.

Du, Maria, hast für mich Fürbitte eingelegt
bei deinem geliebten Sohn,
unserem Herrn und Heiland, Jesus Christus.
Und ich durfte neu das Leben
und die göttliche Gnade empfangen.
Dir, du Mutter des Herrn, Wegbereiterin
meines neuen Lebens, sei Lob und Dank
jetzt – und alle Tage – und in Ewigkeit.

Vorwort

Maria bereitet uns den Weg

Ave sei gegrüßt, wiederholen Christen im Gebet des «Ave Maria» den Gruß des Erzengels an Maria. Da Maria der Christus ähnlichste Mensch ist – dreißig Jahre hat sie zusammen mit ihm gelebt –, geht von ihr eine ganz besondere Anziehung aus für alle gläubigen Menschen. Sie verehren Maria, da sie einem jeden, der sich an sie wendet, die Gnade ihres Sohnes Jesus Christus vermittelt, im Glauben zu wachsen und fest zu bleiben. Menschen, die eine lebendige Beziehung zu Maria haben, sind in der Lage, Krisenzeiten besser zu überstehen, trotz Erschütterungen ihren festen Glauben zu bewahren und durch die Fürsprache Marias in der Liebe zu Jesus Christus zu wachsen.

Durch ihre Bereitschaft, sich dem Anruf Gottes zu öffnen, wird Maria zum Urbild des Glaubens und der Erlösung, zu einem Urbild unserer christlichen Existenz. Sie öffnet Gott ihr Herz, sodass Gott im Herzen Marias den neuen und ewigen Bund mit den Menschen beginnen kann. Das Ja zu Gottes Plan, das sie in Nazaret gesprochen hat, hält sie durch bis unter das Kreuz ihres Sohnes, als ihr Herz vom Schmerz durchstoßen wird, wie ihr Simeon prophezeit hat.

Das Buch «Maria bereitet uns den Weg» möchte Lebenshilfe geben, die für viele Menschen zu einem großen Bedürfnis geworden ist. Warum müssen so viele Menschen erst Um- und Irrwege gehen, um den für sie richtigen Weg zu erkennen? Gerade dort, wo das menschliche Leben an Grenzen stößt, oder da, wo es keine Antworten mehr zu geben und das Leben zu Ende zu sein scheint, kann es durch Maria einen neuen Anfang nehmen. Sie ist die Trösterin der Betrübten und legt Fürbitte ein bei ihrem geliebten Sohn Jesus Christus.

Es wird beim Lesen des Buches empfohlen, zwischenzeitlich immer wieder die Stille aufzusuchen, um der Vertiefung des Glaubens und den Anforderungen der Welt besser gerecht zu werden. In jedem Text wird auf die Heilige Schrift Bezug genommen, um ihre Aktualität bewusst zu machen, größere Zusammenhänge aufzuzeigen und um jegliche Angst vor Veränderung und letztlich vor dem Tod zu nehmen. In diesen «Biblischen Meditationen über die Mutter Gottes» werden wir eingeladen, uns nicht nur im Glauben an Maria zu orientieren, sondern uns auch von ihr auf unserem Lebensweg anleiten und führen zu lassen. Sie bereitet uns den Weg durch dieses Leben zu unserer endgültigen Bestimmung, dem ewigen Leben.

Maria geleitet uns zur verborgenen Mitte: zur Liebe Gottes zu uns Menschen und zu unserer Liebe zu ihm. Wenn wir aus den Sakramenten leben und im Gebet der Ruhe eine Zeit lang vor Gott schweigen, auf ihn hören und ihm durch unser Leben antworten, folgen wir der stillen Weisung Marias. Diese entspricht nicht nur dem Wort Christi, sondern auch seiner Spur, die unmittelbar zu seinem und unserem Vater führt. Auf diesem Weg – es gibt keinen besseren und schnelleren zu Gott – ist Maria Vorbild im Glauben.

Das unendlich große Geschenk der Liebe Gottes an uns Menschen nimmt einen neuen Anfang mit Maria. Ein Engel kommt nach Nazaret. Ohne jegliche Vorleistung wird Gottes Wort und Geist durch Maria zu menschlichem Leben. Das messianische Geschehen, die Herabkunft des Heiligen Geistes auf Maria, geschieht in ihren Glauben hinein. Gott hat die Erde erwählt, um auf ihr Mensch zu werden. In Maria hat er sich einen Menschen ausersehen, um durch ihn menschliche Gestalt anzunehmen. Sie ist die Erwählte und Begnadete, in die Gottes Himmel sich ganz hineinschenkt, um die Mutter Jesu Christi zu sein. Als der Engel ihr die Frohe Botschaft verkündet, verzichtet Maria auf die Einsicht des Verstandes und setzt dafür die Hingabe des Herzens ein.

Dass Maria die Mutter des Herrn ist, dass sich Gottes Geist auf sie herniederließ, um dieses Geschehen zu wirken, geschah aufgrund ihres Glaubens. Die Seligpreisung Marias, die wir im Magnifikat mitvollziehen, geht weiter bis zum Jüngsten Tag. Es ist gut, Maria anzurufen, dass sie uns helfe, so zu glauben, wie sie geglaubt hat.

Unter deine Barmherzigkeit
flüchten wir uns, Gottesgebärerin.
Unser Flehen weise nicht zurück in der Not,
sondern rette uns in Gefahr,
du einzig Reine, einzig Gesegnete.

Gebet aus der ersten Hälfte des dritten Jahrhunderts,
einem Toten mit ins Grab gegeben

Marias persönliche Worte im Evangelium

Genannt wird Maria, die Mutter Jesu, nur an wenigen Stellen im Neuen Testament – abgesehen von den Kindheitserzählungen bei den Evangelisten Lukas und Matthäus. Die Kindheitsgeschichten wurden erst später an den Anfang der Erzählung des Lebens Jesu gesetzt. Der Anteil des Marienlebens am öffentlichen Wirken Jesu ist mit Ausnahme der «Hochzeit zu Kana» sehr gering. Erst bei der Passion Christi wird Maria vom Evangelisten Johannes wieder erwähnt. *Bei dem Kreuz Jesu standen seine Mutter und die Schwester seiner Mutter, Maria, die Frau des Klopas, und Maria von Magdala. Als Jesus seine Mutter sah und bei ihr den Jünger, den er liebte, sagte er zu dem Jünger: Siehe, deine Mutter! Und von jener Stunde an nahm sie der Jünger zu sich* (Johannes 19,25–27).

In allen vier Evangelien gibt es insgesamt nur sechs Marienworte, das heißt, sechs Mal spricht Maria persönlich. Diese sechs Worte aus ihrem Mund sollen im Folgenden bedacht werden.

Das erste Marienwort

Wie soll das geschehen,
da ich keinen Mann erkenne?
Lukas 1,34

Die Kindheitsgeschichte Jesu wird vom Evangelisten Lukas – anders als bei Matthäus – aus dem Blickwinkel Marias erzählt. An ihr, die in demütiger Zurückhaltung und geistlicher Besonnenheit lebt, hat Gottes Heilshandeln begonnen. Sechs Monate nach der ersten Sendung des Engels Gabriel zu Zacharias schickt Gott den Engel nach Nazaret zu einer Jungfrau. Ihr Name ist Maria. Der Name «Maria» hat in der jetzt beginnenden Heilsgeschichte Weihe und Glanz. Maria ist mit einem Mann namens Josef verlobt. Bis zur Hochzeit bleibt die Verlobte im Haus ihres Vaters. Die Enthaltsamkeit vorehelicher Gemeinschaft ist selbstverständlich für sie.

Der Engel Gabriel kommt vom Antlitz Gottes her, und mit ihm setzt eine Bewegung vom Himmel auf die Erde ein: das Kommen Gottes zu den Menschen. Zu Maria wird kein beliebiger Engel gesandt, sondern der Erzengel Gabriel. Gott schickt seinen höchsten Engel, um die wichtigste aller Botschaften zu bringen. Gabriel erscheint nicht plötzlich, sondern er tritt bei Maria ein und begrüßt sie mit einer Freudenbotschaft. Maria ist begnadet, die Engelsbotschaft als Offenbarung Gottes zu empfangen und aus dem Glauben zu verstehen.

Nicht, dass er eintrat, aber dass er dicht,
der Engel, eines Jünglings Angesicht
so zu ihr neigte; dass sein Blick und der,
mit dem sie aufsah, so zusammenschlugen,
als wäre draußen plötzlich alles leer
und, was Millionen schauten, trieben, trugen,
hineingedrängt in sie: nur sie und er;
Schaun und Geschautes, Aug und Augenweide
sonst nirgends als an dieser Stelle –: sieh,
dieses erschreckt. Und sie erschraken beide.

Dann sang der Engel seine Melodie.
Rainer Maria Rilke

Maria wird verheißen, dass sie die Mutter des erwarteten Messias aus dem Haus Davids werden wird. Der Termin des Empfangens jedoch bleibt vorerst Geheimnis. Das verheißene Kind wird groß sein und Sohn des Höchsten genannt werden. Größe und Gottessohnschaft werden somit schon dem irdischen Jesus eigen sein. Maria vernimmt die Frohe Botschaft, betrachtet jedoch zunächst schweigend die Worte. Sie widersetzt sich weder durch Unglauben noch gehorcht sie spontan aus Leichtsinn. Auf diese Weise vermeidet sie sowohl den Leichtsinn Evas als auch den Unglauben des Zacharias. Maria ist demütig – und nur den Demütigen schenkt Gott seine Gnade.

Maria sagte zu dem Engel: Wie soll das geschehen, da ich keinen Mann erkenne? (Lukas 1,34) Indem Maria nach dem «Wie» fragt, drückt sie bereits ihre innere Haltung aus, dass sie in den Plan Gottes einstimmt und bereit und offen ist für die Vorsehung Gottes. Mit ihrer Frage bekennt sie, dass es geschieht, und sie zweifelt nicht daran, dass es geschehen soll, doch fragt sie nach dem «Wie». Maria glaubt an die Botschaft, ohne die Frage nach einem Zeichen zu stellen. Sie glaubt, und dann erst sucht sie für die auftauchende Frage eine Antwort. Die Frage, das erste persönlich gesprochene Wort Marias im Evangelium, ist wichtig, denn sie lässt aufhorchen: Wie können Jungfräulichkeit und Mutterschaft vereint werden?

Maria zeigt durch ihre Frage eine einschränkende Haltung, da sie sich vom Menschlichen her die Verwirklichung der Botschaft Gottes durch den Engel Gabriel nicht erklären kann. Sie mag gedacht haben: «Als Verlobte habe ich in der nächsten Zeit bis zu meiner Heirat kein eheliches Zusammensein – sicher nicht bis zu dem nahe gedachten Termin der verheißenen Empfängnis. Denn Gottes Zusage wird nicht lange auf sich warten lassen.»

Der Engel erklärt Maria, sie werde als Jungfrau einen Sohn empfangen. Die schöpferische Allmacht Gottes, bei dem nichts unmöglich ist, wird das Wunder in Maria bewirken. Gemeint ist der Heilige Geist, der am Anfang der Schöpfung über den Wassern schwebte, und jetzt aus der Höhe herabkommt. Wie eine Wolke wird die Kraft des Höchsten sie überschatten und in ihr wirksam werden. Die Wolke lässt Gottes machtvolle Gegenwart erkennen – sie verbirgt ihn aber auch gleichzeitig vor den Augen der Menschen und wahrt das göttliche Geheimnis.

Wie Adam als Erster der Menschen von Gott erschaffen wurde und dadurch in einem besonderen Verhältnis zu Gott stand, geschieht hier am Beginn des Christusereignisses in Maria eine neue Schöpfung. Durch Maria ergreift Gott die Initiative zur Vollendung der Heilsgeschichte.

Heilig ist Jesus, weil er vom Heiligen Geist im Mutterschoß gebildet wird und mit seiner ganzen Existenz in Gott wurzelt, von ihm durchwaltet und erfüllt ist.

Ich grüße dich zur Stund
mit Gabrielis Mund:
Ave, die du bist voller Gnaden.

Du hast des Höchsten Sohn,
Maria rein und schön,
in deinem keuschen Schoß getragen,
den Heiland Jesus Christ,
der uns ein Retter ist
aus aller Sünd und allem Schaden.
Georg Braun (1675)

Als ihr zum Tod verurteilter Sohn hingerichtet wird, steht Maria unter dem Kreuz. Wie wunderbar war dagegen der Beginn des Christusereignisses, als ihr Raum ganz von hellem Licht erfüllt war. *Er wird über das Haus Jakob in Ewigkeit herrschen, und seine Herrschaft wird kein Ende haben* (Lukas 1,33). Wird Maria, unter dem Kreuz stehend, zweifelnd gefragt haben: «Gehen Gottes Verheißungen so in Erfüllung?» Nein, sie wusste seit der Verheißung der Geburt Jesu – und dies war in ihrem Glaubensfundament zutiefst verankert –, dass Jesus der Sohn des Höchsten ist und seine Herrschaft kein Ende haben wird.

Herr, gib auch mir die Kraft, wie du sie Maria verliehen hast, mich auf deine Entwürfe meines Lebens einzulassen. In einem Psalm beten wir: *Ebne deinen Weg vor mir* (Psalm 5,9). Sollten wir nicht lieber beten: «Ebne meinen

Weg vor dir»? Angesichts des Marienlebens verstehen wir, dass ein tief gläubiger Mensch nur beten kann: *Ebne deinen Weg vor mir.* Denn sonst könnten wir ihn nicht gehen. Dies sollten wir in Stille bedenken.

Das zweite Marienwort

Ich bin die Magd des Herrn;
mir geschehe, wie du es gesagt hast.
Lukas 1,38

Aus der nach Verständnis suchenden Frage und dem Nachsinnen Marias ist jetzt ihre volle Zustimmung zum Plan Gottes herangereift. Ihr Jawort beschließt das Gespräch mit dem Engel Gabriel. Maria gibt aus ihrem tiefen Glauben heraus ihre Einwilligung und antwortet damit auf die Frage Gottes. Mit dem Wort *Ich bin die Magd des Herrn* sagt sie, dass sie einverstanden ist mit dem, was der Herr konkret mit ihr vorhat. In diesem zweiten Marienwort liegt der Höhepunkt der Verheißung der Geburt Jesu – nicht in dem geheimnisvollen Vorgang der vaterlosen Empfängnis. Der Sinn ihres Lebens besteht darin, für Gott verfügbar zu sein. Maria will nichts anderes als diesen Sinn erfüllen. So steht am Anfang des Lebens Jesu der Glaube seiner Mutter.

Mir geschehe, wie du es gesagt hast – dieses Wort aus ihrem Mund bezeugt völlige Verfügbarkeit und aktive Bereitschaft in einem. Gott hat angeklopft, und Maria hat ihm geöffnet. Gott zwingt nicht. Maria soll in freier Entscheidung eine Antwort auf die Botschaft des Engels

Gabriel geben. Aus dem, was der Engel zu ihr sagt, hat sie den Willen Gottes erkannt, der für sie an erster Stelle steht und den es zu erfüllen gilt.

Der Mensch kann nur Heil finden, wenn er auf Gottes Stimme horcht und den göttlichen Willen in seinem Leben verwirklicht. *Nicht jeder, der zu mir sagt: Herr! Herr!, wird in das Himmelreich kommen, sondern nur, wer den Willen meines Vaters im Himmel erfüllt* (Matthäus 7,21).

Mit Abraham hat die Heilsgeschichte begonnen. Die tragende Kraft des Heilwirkens Gottes hat mit Johannes dem Täufer den alttestamentlichen Höhepunkt erreicht. Am Beginn des Neuen Testamentes gibt Marias Bereitschaft Gott Raum, in ihr das Wunder zu wirken. In Maria hat der Herr die Basis für die Entstehung seines Messias durch das Wirken des Heiligen Geistes gefunden, und in Jesus Christus, geboren aus der Jungfrau Maria, findet das Wort Gottes seine Vollendung.

Nachdem Maria ihr Jawort gegeben hat, ist die Sendung des Engels erfüllt. Er geht leise, so wie er auch bei Maria eingetreten ist, indem er ihr das letzte Wort lässt, ja, indem er jetzt alles Gott selbst überlässt. *Danach verließ sie der Engel* (Lukas 1,38b).

Obwohl der Engel sie verließ, bewahrte Maria ihren starken Glauben bis unter das Kreuz ihres geliebten Sohnes und weit darüber hinaus.

Können wir aus tiefem, gläubigem Herzen auch in den Stunden, wo uns das Licht des Engels zu verlassen scheint, lebenswahrhaftig folgende Worte beten? *Mir geschehe, wie du es gesagt hast.* Herr, gib mir die Kraft der Treue auch da, wo mich das Licht des Engels, das Licht der Lebensstunde verlässt.

Das dritte Marienwort

Meine Seele preist die Größe des Herrn,
und mein Geist jubelt über Gott, meinen Retter.
Denn auf die Niedrigkeit seiner Magd hat er geschaut.
Siehe, von nun an preisen mich selig alle Geschlechter.
Denn der Mächtige hat Großes an mir getan,
und sein Name ist heilig.
Er erbarmt sich von Geschlecht zu Geschlecht
über alle, die ihn fürchten.
Er vollbringt mit seinem Arm machtvolle Taten:
Er zerstreut, die im Herzen voll Hochmut sind;
er stürzt die Mächtigen vom Thron
und erhöht die Niedrigen.
Die Hungernden beschenkt er mit seinen Gaben
und lässt die Reichen leer ausgehen.
Er nimmt sich seines Knechtes Israel an
und denkt an sein Erbarmen,
das er unseren Vätern verheißen hat,
Abraham und seinen Nachkommen auf ewig.
Lukas 1,46–55

Wer das Loblied Marias liest, betet oder gar singt, ist aufgerufen, mit zu jubeln. Der so Betende öffnet sich mit Maria für Gottes Heil, das auch sein Leben verändern und bereichern möchte. Maria preist Gott, der alle Unordnung und alle Sündhaftigkeit in der Welt aufheben wird. Ihr Lobpreis Gottes und die messianische Freude durchdringen die Tiefen Marias, ihre Seele und ihren Geist. Das Ausbrechen in diesen wunderbaren Gottesjubel spiegelt die heitere und freudige Haltung ihrer Seele wider.

Was aber löst den dankerfüllten Hymnus aus, in den Maria kurz nach ihrer Ankunft bei ihren Verwandten Elisabet und Zacharias einstimmt? Durch den Gruß Marias vermag Elisabet, vom Heiligen Geist erfüllt, die ihr von ihrem Kind im Mutterschoß bezeugte Wahrheit zu deuten und in Worte zu fassen. Sie weiß nicht nur, dass Maria empfangen hat, sondern auch, wen sie empfangen hat. Elisabets Christuserkenntnis ist durch und durch vom Heiligen Geist gewirkt. Elisabet wird durch die Begegnung mit Maria zur Prophetin, nimmt den Lobpreis des Engels auf und bestätigt ihn. *Gesegnet bist du mehr als alle anderen Frauen, und gesegnet ist die Frucht deines Leibes* (Lukas 1,42).

Die Preisung Marias, die vom Engel ausgegangen ist, beginnt jetzt auch unter den Menschen. Das Zeichen des Engels, der Hinweis auf Elisabet, hat sich jetzt für Maria bewahrheitet. Sie weiß aus dem prophetischen Mund Elisabets, dass sich die Verheißung erfüllt hat und sie Mutter des Herrn ist. Damit erhält alles vorher Berichtete und Geschehene einen tiefen Sinn und wird verständlich.

Maria besingt im Magnifikat die Erfüllung des Verkündeten und drückt damit ihren persönlichen Dank aus. Niemand vermochte das Geheimnis der Menschwerdung Jesu auf Erden so wunderbar zu besingen wie die Mutter des Herrn. Im Lobpreis, dem dankerfüllten Hymnus Marias, steigert sich das Bekenntnis zu dem von Gott gewirkten Wunder noch einmal auf eine ganz besondere Weise. Maria, die mit Niedrigem zufrieden war, wurde ausersehen, Gottes Sohn zu empfangen. Sie möchte nur demütiges Werkzeug der Gnade Gottes sein und tritt daher mit ihrer Person ganz hinter dem zurück, wozu Gott sie braucht.

Und gerade durch dieses demütige Verhalten wird sie erhöht von der Erde bis zu den Sternen.

Im Magnifikat wird aus dem Dank für die große Heilstat Gottes die Anbetung des allerheiligsten Namens des Herrn. Noch einmal wird Gottes Herabkunft gepriesen und als Erbarmen bezeichnet. Danach folgt im Lobgesang Marias ein universaler heilsgeschichtlicher Ausblick, in dem das machtvolle, Ordnung schaffende Tun Gottes am Ende der Tage angesprochen wird. Maria sieht den tatsächlichen Weltzustand mit den Augen Gottes und spürt, dass sich viel ändern muss, wenn die göttliche Ordnung wiederhergestellt werden soll. Die menschliche Wirklichkeit des Kommens Gottes in Jesus Christus kann die Umkehr der verkehrten Zustände in der Welt bewirken.

Die messianische Erneuerung bezieht sich nicht nur auf Israel, sondern auf die gesamte Welt. Gott erinnert sich an all das, was er verheißen und versprochen hat. *Er denkt an sein Erbarmen, das er unseren Vätern verheißen hat, Abraham und seinen Nachkommen auf ewig* (Lukas 1,54–55). Das den Vätern zugesicherte Erbarmen wird jetzt durch Jesus Christus, den Maria empfangen hat, Wirklichkeit. Hier nennt Maria am Ende ihres Lobgesangs Abraham, den Vater der Verheißung, und seine Nachkommen. So wie Gott sich Maria gegenüber als Heiland erweist, erfüllt er die den Vätern gegebenen Verheißungen.

Durch den Hochmut Adams kam der Tod in die Welt, durch die Demut Marias wurde das Tor zum Leben wieder sichtbar.

- «Die Demut Marias wurde zu einer heiligen Treppe, über die Gott auf die Erde herabgestiegen ist» (Augustinus).

- «Aber auch ihr seid selig, die ihr gehört und geglaubt habt. Denn jede Seele, die geglaubt hat, empfängt auch und bringt das Wort Gottes zur Welt und erkennt seine Taten» (Ambrosius).

Ob das Magnifikat standhält in der Stunde der äußersten Not, in der Stunde des äußersten Leides? Der Bischof einer großen Diözese schrieb seinen Priestern einen Brief, in dem er sie bat, in der Stunde einer großen Krise, in der sich Dunkelheit zusammenzieht, das Magnifikat zu beten.

Preisung in der Not befreit.

Das vierte Marienwort

Kind, wie konntest du uns das antun?
Dein Vater und ich haben dich voll Angst gesucht.
Lukas 2,48

Die Eltern Jesu kommen jährlich der gesetzmäßigen Wallfahrtspflicht nach. Sie nehmen den zwölfjährigen Jesus mit nach Jerusalem, obwohl die gesetzliche Verpflichtung erst mit dem 13. Lebensjahr beginnt. Die Familie bleibt bis zum Ende der gesamten Paschafest-Zeit in Jerusalem. Zu der Zeit hatte Jerusalem ungefähr fünfzigtausend Einwohner, und zu den Pilgerzeiten zum Pascha-, Pfingst- und Laubhüttenfest kamen noch einmal fünfzigtausend Pilger hinzu. Da die meisten Pilger in Gruppen reisen, kommt es vor, dass sich Angehörige aus den Augen verlieren. So vermuten die Eltern den Knaben Jesus auf dem Rückweg bei Verwandten, in der Hoffnung, ihn abends nach dem ersten Tagesmarsch auf dem verabredeten Sammelplatz zu treffen. Dreißig bis vierzig Kilometer am Tag müssen die Pilger drei Tage lang zurücklegen, um von Jerusalem nach Galiläa zu kommen.

Der Zwölfjährige ist heimlich in Jerusalem geblieben, damit ihn seine Eltern nicht daran hindern, mit den schriftkundigen Gelehrten zu disputieren. Da Männer und Frauen in der Regel getrennt voneinander pilgern, können die Kinder mit einem von beiden Elternteilen gehen. Deshalb denken Maria und Josef, dass der junge Jesus, den sie nicht bei sich sehen, mit dem jeweils anderen unterwegs ist. Voll Angst stellen sie jedoch fest, dass er bei keinem der beiden ist. Sie suchen ihn bei Verwandten und Bekannten, finden ihn aber nicht. Dann kehren Maria und Josef nach Jerusalem zurück, um ihn dort zu suchen. Am folgenden Tag finden sie ihn schließlich im Tempel. Jesus sitzt in der Tempelsynagoge vor anerkannten Gelehrten, denen er zuhört und Fragen stellt. *Alle, die ihn hörten, waren erstaunt über sein Verständnis und über seine Antworten* (Lukas 2,47).

Nicht nur Jesu natürlich-geistige Begabung wird sichtbar, sondern auch sein Wissen um den Willen Gottes. In Jesus leuchtet die Weisheit Gottes auf, die in ihm ist und aus ihm redet. Die Gelehrten, ihre Schüler und die umstehenden Zuhörer sind höchst erstaunt über das Verständnis Jesu. Nicht weniger sind seine Eltern erstaunt, als sie den Zwölfjährigen zu Füßen anerkannter Gelehrter sitzen sehen. Sie sind über den Anblick, der sich ihnen nach langem Suchen bietet, durchaus nicht erfreut, sondern betrübt. Das angstvolle Suchen und der Schmerz der Eltern schwingen mit in der vorwurfsvollen Frage der Mutter: *Kind, wie konntest du uns das antun? Dein Vater und ich haben dich voll Angst gesucht* (Lukas 2,48).

In der Frage Marias schwingt mit: Ist Jesus ungehorsam, oder ist er dabei, sich mit innerer Notwendigkeit von seinem Elternhaus zu lösen?

Thomas von Aquin (um 1225–1274) schreibt: «Die Gottesgebärerin ist zu bewundern, wie sie, von mütterlichen Gefühlen bewegt, fast unter Tränen ihre schmerzliche Suche erzählt, und alle ihre Sorgen als Mutter voll Vertrauen und Demut ausspricht.» Maria muss lernen, einen Sohn zu haben und ihn doch nicht zu haben. Den Konflikt, der daraus entsteht, verstehen die Eltern Jesu jedoch noch nicht.

Auf die Frage Marias folgt das erste von Jesus überlieferte Wort, das in einer Radikalität dem Gehorsam seines Vaters gegenüber gesprochen ist: *Warum habt ihr mich gesucht? Wusstet ihr nicht, dass ich in dem sein muss, was meinem Vater gehört? Doch sie verstanden nicht, was er damit sagen wollte* (Lukas 2,49–50). Auf die Frage seiner Mutter antwortet Jesus geheimnisvoll wiederum mit einer Frage. Alles geschieht im Tempel, dem Eigentum und Ort der Gegenwart des Vaters. Auf das vorwurfsvolle Wort seiner Mutter antwortet Jesus mit einem Wort, das ihn eher von seinen Eltern trennt und ihn in die Nähe seines himmlischen Vaters zieht. Das geheimnisvolle Wort Jesu, das sehr tiefgründig ist, verstehen Maria und Josef jedoch nicht. Sie kehren nach Hause zurück und *seine Mutter bewahrte alles, was geschehen war, in ihrem Herzen* (Lukas 2,51b).

Maria lässt keines der Worte Jesu als bedeutungslos fallen. Wie sie einst das Wort selbst in ihrem Schoß empfangen hat, so empfängt sie jetzt seine Worte und bewahrt und erwägt sie in ihrem Herzen. Dieses «Bewahren» Marias will zur Meditation des Geheimnisses aufrufen und nicht nur sagen, wie eng sie mit der Zukunft Jesu verbunden ist, sondern auch, wie fest sie an ihren Sohn glaubt. Nur ganz allmählich öffnen sich für Maria die Schleier, die die Tiefe der Liebe Gottes und seines Christus enthüllen. Die Worte erfüllen ihre Innerlichkeit und ihren Geist und werden zum Licht ihres Lebens.

Viele Menschen haben einander verloren. Viele Menschen haben Gott aus den Augen und aus ihrem Herzen verloren und wissen nicht, wo sie ihn finden sollen. Herr, gib ihnen Maria zur Mutter und Begleitung, dass sie den rechten Weg finden – besonders, wenn sie in Bedrängnis und Not sind.

Das fünfte Marienwort

Als der Wein ausging, sagte die Mutter Jesu zu ihm: Sie haben keinen Wein mehr.
Johannes 2,3

Während die bisherigen vier Marienworte im Lukasevangelium stehen, finden wir die beiden letzten Marienworte im Johannesevangelium, bei der Hochzeit zu Kana. Hier wird vom ersten Zeichen oder Wunder berichtet, durch das Jesus seine Herrlichkeit enthüllt: die Wandlung des Wassers zu Wein. Es ist nicht einfach, das Gespräch Jesu mit seiner Mutter sowie ihr anschließendes Verhalten zu verstehen.

Die Mutter Jesu nahm an einer Hochzeit zu Kana in Galiläa teil. Die Familie aus Nazaret wird mit den Brautleuten persönlich bekannt gewesen sein. Auch Jesus wurde mit seinen Jüngern zur Hochzeit eingeladen. Nach jüdischer Sitte dauerte die Hochzeit, die in Israel und im Judentum zu den großen Freudenfesten gehört, eine Woche, wobei immer wieder Gäste kamen und gingen. Da gern Wein getrunken wurde, musste für genügend Vorrat gesorgt werden. Gegen Ende der Festwoche ging jedoch der Wein aus. Zwischen dem Marienwort *Sie haben keinen Wein mehr* und dem Eingreifen Jesu wird nicht viel Zeit gelegen haben.

Als der Wein zur Neige ging, drohte auch die gesamte Hochstimmung zu verfliegen. Wenn die Mutter Jesu diese Verlegenheit aufgriff und ihren Sohn darauf hinwies, dann ist anzunehmen, dass sie von Jesus Hilfe erwartete. Ob Maria ihren Sohn um ein Wunder bitten wollte – wie es viele Kirchenväter annehmen –, kann nicht klar beantwortet werden. Dem Wortlaut nach machte sie ihn nur darauf aufmerksam, dass der Wein ausgegangen war. Maria bat Jesus um Abwendung der recht peinlichen Situation.

Johannes Chrysostomus (354–407) meint: «Man kann zu Recht fragen, wie es der Mutter in den Sinn gekommen ist, so etwas Großes von ihrem Sohn zu erwarten: Bis dahin hatte er nämlich noch kein Wunder gewirkt ... Aber Jesus begann, offenbart zu werden, sowohl von Johannes als auch von denen, die er zu seinen Jüngern berufen hatte. Aber noch vor all dem führten die Empfängnis und das, was nach der Geburt geschehen ist, Maria zu größter Hochachtung ihres Kindes. Daher sagt Lukas: ‹Maria bewahrte alle diese Worte und trug sie in ihrem Herzen.› Warum also wollte sie ihn nicht schon zuvor zu einem Wunder bewegen? Vorher nämlich lebte er wie einer von Vielen; daher maßte sich die Mutter nicht an, so etwas zu sagen. Als sie aber hörte, welches Zeugnis Johannes von ihm abgelegt hatte, und dass er schon Jünger hatte, bittet sie ihn nun voll Vertrauen.»

Jesus konnte aber der Bitte seiner Mutter nicht ohne Weiteres zustimmen. *Was willst du von mir, Frau? Meine Stunde ist noch nicht gekommen* (Johannes 2,4).

- Weist Jesus damit die stillschweigende Bitte seiner Mutter ab?
- Lässt er sie verstehen, dass sie sich in seine messianischen Aufgaben nicht einmischen darf?
- Will Jesus seine Mutter an das Verlassen des Vaterhauses erinnern?
- Liegt in der Antwort Jesu eine Distanzierung von seiner Mutter?

Konnte sie denn anders, als auf ihn
stolz sein, der ihr Schlichtestes verschönte?
War nicht selbst die hohe, großgewöhnte
Nacht wie außer sich, da er erschien?

Aber da bei jenem Hochzeitsfeste,
als es unversehns an Wein gebrach, –
sah sie hin und bat um eine Geste
und begriff nicht, dass er widersprach.
Rainer Maria Rilke

Zur Erfüllung seiner messianischen Aufgaben muss selbst seine Mutter zurücktreten. Jesus wird mit «seiner Stunde, die noch nicht gekommen ist», die ihm vom Vater zum

Wirken bestimmte Zeit gemeint haben. Der Gottmensch wurde in seinem Handeln nicht durch verwandtschaftliche Bande bestimmt. Jesus war allein abhängig von der Weisung des Vaters. «Meine Zeit ist noch nicht da.» Und so wartet Jesus die Weisung des Vaters ab. Er wollte mit seiner Antwort seine Mutter dahingehend belehren, dass ihm das Gesetz zum Handeln von einem anderen, seinem Vater, gegeben wird.

Was willst du von mir, Frau? Meine Stunde ist noch nicht gekommen. «Dies sagte er, um den Unterschied zwischen Gott und Mensch hervorzuheben: Der Menschheit nach war er gering und der Mutter untergeordnet, aber als Gott stand er über allen» (Augustinus). Maria aber verstieß nicht gegen diese Bestimmung, als sie den Dienern ihre vorsorgliche Weisung gab und dabei ihrem Sohn das Handeln überließ.

Das sechste und letzte Marienwort

Seine Mutter sagte zu den Dienern:
Was er euch sagt, das tut.
Johannes 2,5

Dieses Marienwort schließt direkt an das vorherige an. Während der Hochzeitsfeier zu Kana, zu der Maria, Jesus und seine Jünger eingeladen waren, ging vorzeitig der Wein aus. Als Maria es bemerkte, machte sie ihren Sohn auf die Verlegenheit der Gastgeber aufmerksam, und zwar mit der unterschwelligen Bitte, zu helfen. Jesus jedoch, der ganz aus dem Willen und Wirken des Vaters lebte, wies seine Mutter ab mit dem Hinweis, dass seine Stunde noch nicht gekommen sei. Maria jedoch überwand diese momentane Distanzierung aus ihrem liebenden und wissenden Herzen und sagte zu den Dienern: *Was er euch sagt, das tut.*

Maria hörte aus den Worten ihres Sohnes heraus, dass Jesus etwas Besonderes vorhatte, obwohl ihr die Antwort geheimnisvoll blieb. Indem sie die Diener in besonderer Weise auf ihren Sohn aufmerksam machte, wollte sie in unaufdringlicher Weise sein erwartetes Tun unterstützen. Wie am Beginn des Christusereignisses, der Verkündigung durch den Engel, glaubte Maria, obwohl sie keine Einsicht in die göttlichen Geheimnisse hatte. Dieser unbedingte und vertrauende Glaube bildete die Grundlage ihres Wesens. Aus diesem Glauben entstanden ihre Hilfsbereitschaft und ihr treues Handeln. Ihre Weisung an die Diener griff dem Handeln Jesu nicht vor, denn es blieb offen, ob sich Jesus an die Diener wenden und was er ihnen sagen würde.

Aus ihrem tiefen Glauben heraus war die Mutter Jesu davon überzeugt, dass in ihrem Sohn übermenschliche, ja, göttliche Kräfte schlummerten. So behielt sie weiter die Initiative, die sie den Dienern gegenüber verwirklichte. Somit waren auch die Diener auf das Außergewöhnliche ihres Sohnes gefasst. «Dies Wunder des Herrn, in dem er Wasser in Wein verwandelte, ist für jene nicht verwunderlich, die um seine Gottheit wissen. Denn er, der an jenem Tag in den Wasserkrügen Wein machte, bewirkt das Gleiche jedes Jahr in den Weinstöcken. Da aber die ständige Erscheinung das Erstaunliche verlor, so bewahrte Gott die ungewöhnlichen Werke dafür auf, um die gleichsam schlafenden Menschen auf wunderbare Weise zu seiner Verehrung aufzuwecken» (Augustinus).

Was er euch sagt, das tut. So kommt es letztlich darauf an, all das zu tun, was Jesus sagt. Die Weisung Marias greift über die konkrete Situation bei der Hochzeit zu Kana hinaus und wendet sich an jeden. Doch was sagt Jesus Christus zu jedem von uns? Er sagt uns zum Beispiel: *Wo ich bin, dort soll auch mein Diener sein* (Johannes 12,26). Herr, lass uns hinhören und zu spüren versuchen: Was sagst du mir jetzt in dieser meiner Lebensstunde?

Maria glaubt

Ratlos steht mancher Mensch vor der Frage, wie er Gott Einlass in das innere Leben gewähren kann. Jemand, der schlechte Erfahrungen mit sich gemacht hat, könnte fragen: «Wie soll ich dich empfangen und wie begegn' ich dir?» (Paul Gerhardt, 1607–1676) Mit diesen Worten und nach der Melodie von «O Haupt voll Blut und Wunden» aus der Matthäus-Passion beginnt Johann Sebastian Bach sein Weihnachtsoratorium. Der Mensch, der danach fragt, wie er Gott, «aller Welt Verlangen», empfangen und ihm begegnen soll, spürt, dass etwas Wesentliches in sein Leben tritt. Er weiß, dass bei ihm vieles anders werden muss, wenn es tatsächlich zu einer Begegnung kommen soll. In der Frage liegt eine gewisse Bangigkeit, aber gleichzeitig auch eine tiefe Sehnsucht.

Was hast du unterlassen
zu meinem Trost und Freud?
Als Leib und Seele saßen
in ihrem größten Leid,
als mir das Reich genommen,
da Fried und Freude lacht,
da bist du, mein Heil, kommen
und hast mich froh gemacht.

Ich lag in schweren Banden,
du kommst und machst mich los;
ich stand in Spott und Schanden,
du kommst und machst mich groß
und hebst mich hoch zu Ehren
und schenkst mir großes Gut,
das sich nicht lässt verzehren,
wie irdisch Reichtum tut.
Paul Gerhardt

Jeder Tag, den wir neu erleben dürfen, kann die entscheidende Begegnung bringen mit «aller Welt Verlangen». Gemeint ist die Begegnung mit Jesus Christus, dem Mensch gewordenen Gott. Alles, die gesamte Welt, steuert dem Tag entgegen, an dem das Verlangen der Welt erfüllt wird. Bei der Begegnung mit Gott geht es um einen Überstieg in eine andere Daseinsform, in die Christusförmigkeit. Diese Dimension dürfen wir bereits mitten in unserem Erdenleben erfahren.

«Wie soll ich dich empfangen?» – diese Frage erhebt sich immer wieder in unserer Lebenswirklichkeit, da wir allzu leicht das Ziel unseres Lebens aus dem Auge verlieren: den Herrn der Welt. Die Begegnung mit ihm ist eine reine Gabe Gottes, die alle Möglichkeiten dieser Welt nicht bieten. Daher sollte unser ganzes Leben auf Empfangen eingestellt sein, auf das Empfangen der Gabe Gottes, die Jesus Christus ist. Alles, was Gott uns gibt, hat er bereits in Heilsgaben verwandelt. Nicht im egoistischen Zugreifen, sondern im Empfangen schenkt sich uns das Leben und ewiges Leben.

Die Verheißung der Geburt Jesu, die am Anfang des

Christusereignisses an Maria ergeht, ist im Neuen Testament der einzige Dialog zwischen Gott und einem Menschen, bei dem der Mensch nicht zu allererst von Furcht, von einem Widerspruch, von Zweifel und Dunkelheit befreit werden muss. «Wie soll ich dich empfangen?» – fragt Maria nicht. Sie lebt bereits im Aufschauen auf Gott und weiß um eine Begegnung mit ihm. Doch jetzt, wo sie Mutter des Herrn selbst werden soll, fragt sie: *Wie soll das geschehen, da ich keinen Mann erkenne* (Lukas 1,34). Für Maria muss erst der Widerspruch geklärt werden zwischen einer grundsätzlichen Verfügbarkeit durch Gott und dem konkreten Vorhaben Gottes, dass sie ohne einen Mann Mutter werden soll. Auch wenn ein Mensch die Antwort des Engels mit dem Verstand nicht begreifen kann – *Der Heilige Geist wird über dich kommen, und die Kraft des Höchsten wird dich überschatten* (Lukas 1,35) –, so stimmt Maria doch von ihrem Herzen her dem Plan Gottes zu: *Mir geschehe, wie du es gesagt hast* (Lukas 1,38).

Der erste entscheidende Einschnitt in der Geschichte der Schöpfung ist der Sündenfall des Menschen. Der Mensch macht von seiner Freiheit falschen Gebrauch und erhebt den Anspruch, selbst zu sein wie Gott. Die verheerenden Folgen für die Entwicklung der Menschheit, von der Ermordung Abels durch seinen Bruder Kain bis zu den Kriegen und Katastrophen heute in der Welt, sind unvorstellbar. Die Natur des Menschen ist jedoch nicht ganz und gar schlecht und Gott abgewandt, sondern sie ist tief verwundet. Auf der einen Seite teilt Gott dem Menschen schöpferische Gaben mit und auf der anderen Seite zerstören sich Menschen untereinander und beuten sich gegenseitig aus – einschließlich der gesamten Natur.

Der zweite entscheidende Einschnitt in der Geschichte der Schöpfung ist die Menschwerdung des Sohnes des ewigen Vaters. Aus Liebe zu seiner Schöpfung möchte Gott sie mit sich selbst durchdringen; er möchte die von der Sünde überschattete Schöpfung heilen und sie durch ein einmaliges Geschehen der Befreiung in sich hineinziehen. Der zweite Adam ist: Jesus Christus. Durch das Christusgeschehen aus Gott und seiner unergründlichen Liebe, die durch Maria in diese Welt hineingetragen wird, offenbart Gott sein Wesen als Liebe. Diese unendliche Liebe Gottes zu den Menschen trägt Jesus durch bis zum Abendmahlssaal, bis zu seinen leidvollen Stunden im Ölberggarten und bis zu seinem Tod am Kreuz.

Der neue Adam kommt nicht einfach von oben, sondern will geboren werden wie wir. Die Verheißung der Geburt Jesu und die Verwirklichung durch Maria geschehen durch die Herabkunft des Heiligen Geistes. Maria steht am Anfang des Christusereignisses und gleichzeitig am Beginn des pfingstlichen Vollendungsgeschehens. Im Johannesevangelium steht sie am Anfang des öffentlichen Wirkens Jesu – bei der Hochzeit zu Kana – und als Zeugin der bis ans Ende gehenden Liebe Jesu Christi unter dem Kreuz.

Mitteilung des Heiligen Geistes geschieht nicht ohne den Glauben. Glaube ist im Menschen die Voraussetzung dafür, dass ihn Gottes Geist erreichen und durchdringen kann. Der Glaube bewirkt im menschlichen Bewusstsein eine Offenheit für das Wesen und die Liebe Gottes, die sich dem Menschen schenken möchte. Das messianische Geschehen, die Herabkunft des Heiligen Geistes auf Maria, geschieht in ihren Glauben hinein.

Gott hat die Erde erwählt, um auf ihr Mensch zu werden. Hier hat er sich einen Menschen ausersehen, um durch ihn menschliche Gestalt anzunehmen. Maria ist die Erwählte und Begnadete, in die Gottes Himmel sich ganz hineinschenkt. Ihr ist es von Gott geschenkt, die Mutter Jesu zu sein. Am Anfang steht die Verkündigung an Maria. Diesem Geschehen kommt im Neuen Testament eine besondere Bedeutung zu, denn das göttliche Wort und das göttliche Handeln finden in Maria nicht das geringste Hindernis. Je größer die Gnade ist, die ein Mensch geschenkt bekommt, desto intensiver entwickelt sich auch in ihm die Fähigkeit, die Gnade zu verwirklichen. Gnade darf nicht nur Gewusstes oder Gespürtes bleiben, sondern sie muss sich im Leben auch leibhaftig umsetzen.

Die Verkündigung an Zacharias, dass seine Frau und er im hohen Alter einen Sohn erhalten werden, geht der Verkündigung an Maria voraus. Zacharias bildet den Ausklang des Alten Testamentes – mit dem Ja Marias beginnt das Neue Testament, der Neubeginn Gottes mit den Menschen. Obwohl die Berichte sehr ähnlich sind, treten Unterschiede auffällig hervor. Zacharias hält sich im Heiligtum auf und bringt das Weihrauchopfer dar, als ihm der Engel erscheint. Während Zacharias das Opfer nach dem Gesetz darbringt, betet draußen das ganze Volk mit ihm. Da im Alten Testament Jerusalem die Mitte des Bundes ist, bindet Gott seine Gnade an den Tempel. Als der Engel zur Rechten des Altars erscheint, erfährt ihn Zacharias wie einen unerwarteten plötzlichen Einbruch aus der göttlichen Welt in den irdischen Raum – und er fürchtet sich.

Ganz anders ist dies bei der Verkündigung an Maria. Es wird weder gesagt, wo sie sich aufhält, noch was sie tut. Der Engel, der bei ihr eintritt, scheint auch nicht aus einer ganz anderen Welt zu kommen. Sein Erscheinen hat für Maria etwas Vertrautes. Das erste Wort des Engels an Zacharias lautet: *Fürchte dich nicht, Zacharias!* (Lukas 1,13) Das erste Wort, das der Engel zu Maria sagt: *Sei gegrüßt, du Begnadete, der Herr ist mit dir* (Lukas 1,28). Der Engel – bevor er die Freude verkündet – muss dem Zacharias zu allererst die Furcht nehmen, die sein Erscheinen bei ihm auslöst. Im Engel begegnet ihm das Licht Gottes, das ihn so tief erschreckt, dass er ganz fassungslos wird. Der Engel jedoch nimmt ihm diese Furcht, sodass er ruhig und offen ist für die Botschaft Gottes.

Bei Maria dagegen kann der Engel gleich mit der Freude beginnen. Warum erschrickt sie dann aber über den Gruß des Engels? *Sie erschrak über die Anrede und überlegte, was dieser Gruß zu bedeuten habe* (Lukas 1,29).

Was bedeutet das Erschrecken Marias? Pfarrer Heinrich Spaemann (1903–2001), der geistliche Rektor des Vianney-Hospitals in Überlingen am Bodensee, erzählte mir die Geschichte der schwer behinderten Silvia. Silvia lebte im Vianney-Hospital; sie war gehörlos und hatte den Verstand eines zweijährigen Kindes. Seelisch war sie durchaus ansprechbar, und durch Gesten hatten die Schwestern es erreicht, dass Silvia ihr Gemüt auftat. Eines Tages – und das muss es in ihrem bisherigen Leben wohl noch niemals gegeben haben – hielt man ihr einen etwas größeren Spiegel vor, in dem sie sich selbst sehen konnte. Die erste Reaktion bestand darin, dass Silvia derart erschrak, dass sie die Person, die sie im Spiegel sah, zu schlagen versuchte. Sie sah keinen Zusammenhang zwischen sich und der Person im Spiegel. Als dann im Spiegel hinter Silvia das Gesicht eines ihr vertrauten lieben Menschen erschien, hörte auf einmal das Erschrecken auf und sie erkannte, dass das andere Gesicht ihr eigenes sein musste. Zunächst aber war ein lautes Erschrecken, da ein Zusammenhang mit einem Du fehlte.

Diese Begebenheit kann ein Hinweis auf das Erschrecken Marias sein. Der Engel, der sie jetzt als Begnadete Gottes anspricht, rückt sie selbst ins Licht. Bis dahin hatte sie keinen Anlass, sich selbst in den Blick zu nehmen. Maria hat Gott und sein Reich im Himmel und auf Erden im Auge und nicht sich selbst. Daher fehlt ihr für diesen Engelsgruß aller Zusammenhang mit ihrem Bisher, mit dem Du Gottes und mit ihren Eltern und Geschwistern. Da sich das Licht, das Gnadenwort, jetzt auf sie selbst richtet, macht sich bei ihr Erschrecken breit. Jetzt tut Maria jedoch etwas, das sie von der Furcht des Zacharias unterscheidet: Sie überlegt, was dieser Gruß zu bedeuten hat.

Das Erschrecken Marias ist also von ganz anderer Art als das des Zacharias. Es geht bei ihr nicht so tief, denn sie versucht gleich, durch Nachdenken darauf zu kommen, was da geschieht. Maria sinnt nach, findet aber keine Worte – sie bleibt jedoch offen für den Fortgang des Dialogs. Dann liefert sie sich dem Wort Gottes aus. Der Engel wartet, dass Maria das Ihre tut, damit er fortfahren kann, das Seine zu tun.

Bei Zacharias ist der Hinweis auf den Erlöser noch verhüllt. Es wird ihm ein Sohn verheißen, der einen besonderen Bezug zum Messias hat. Bei Maria tritt dieser Hinweis jetzt ins Offene: Gott hat sie zur Mutter des Messias ersehen. Es ist wichtig zu bedenken, dass der Glaube Marias bereits derart weit und geöffnet ist, dass er den erhöhten Christus mit einschließt. *Er wird groß sein und Sohn des Höchsten genannt werden. Gott, der Herr, wird ihm den*

Thron seines Vaters David geben. Er wird über das Haus Jakob in Ewigkeit herrschen und seine Herrschaft wird kein Ende haben (Lukas 1,32–33). In der Botschaft des Engels, die in reinem Glanz erstrahlt, ist kein Wort vom Kreuz enthalten. Wie diese göttliche Strahlkraft, so hat auch die erste Liebe zwischen Menschen einen reinen Glanz und etwas Paradiesisches. Der eine sieht im anderen das, was von Gott ist und ewigen Bestand hat. Wenn diese Sicht durchhält, können zwei Menschen es wagen, sich gegenseitig das Ja zu sagen.

Am Anfang sieht Maria ein Christusbild von reinem Glanz, das letztlich eine umfassende Wahrheit enthält, sodass ihr Glaube das Kreuz ihres Sohnes mitträgt, weil er die Auferstehung und das ewige Leben umfasst. Von daher ist es zu verstehen, dass sich Maria, die Mutter Jesu, nicht unter den Frauen befindet, die am Ostermorgen zum Grab gekommen sind, um den Leichnam zu salben und ihn dadurch vor Verwesung zu schützen.

Maria hat seit der Botschaft des Engels, der ihr den österlichen Christus verkündet hat, eine durchhaltende Glaubenszuversicht. In gewisser Weise war Maria in der Weite ihres Glaubensbewusstseins ihrer Zeit voraus. Daher hat sie zu vielem geschwiegen und nicht eingegriffen, sondern es in ihrem Herzen bewahrt. Wie es Vorwegnahmen in den natürlichen Begabungen gibt, so gibt es auch Vorwegnahmen im Bereich der Gnade. Der große Maler Vincent van Gogh wurde zu der Zeit, als er seine Bilder malte, für verrückt erklärt. Heute gehören sie zu den kostbarsten der Welt. Er bekam eine Begabung geschenkt, die seiner Zeit um fünfzig Jahre und mehr voraus war. Franz Schubert hat sein Streichquintett in C-Dur, das einzige Streichquintett, das er komponierte, lange unveröffentlicht gelassen, da er wusste, dass es nicht gespielt werden würde. Damals war diese Komposition weit ihrer Zeit voraus – heute wird das Streichquintett zu den genialsten Kompositionen gezählt. Es ist ein kammermusikalisches Meisterwerk, das Schubert aus der Tiefe inneren Lebens und Erlebens seiner Wanderschaft zwischen zwei Welten, zwischen Zeit und Ewigkeit geschaffen hat.

Es gibt auch Vorwegnahmen im Bereich der Gnade. Maria wird sie in besonderer Weise zuteil; Josef hingegen bedarf erst einer eigenen Offenbarung durch Gott, um zu verstehen, was vorgegangen ist. Dass Josef die Offenbarung annimmt, setzt voraus, dass auch er ausgerichtet ist auf das kommende messianische Reich.

Maria verzichtet auf alles Erkennen: Sie glaubt. Bei Zacharias dagegen liegt Zweifel vor; er möchte unbedingt erkennen: *Woran soll ich erkennen, dass das wahr ist? Ich bin ein alter Mann und auch meine Frau ist in vorgerücktem Alter* (Lukas 1,18). Maria stellt die Frage: *Wie soll das geschehen, da ich keinen Mann erkenne?* (Lukas 1,34) und nimmt die Antwort des Engels glaubend an: *Der Heilige Geist wird über dich kommen, und die Kraft des Höchsten wird dich überschatten. Deshalb wird auch das Kind heilig und Sohn Gottes genannt werden* (Lukas 1,35).

Diese Antwort offenbart und verhüllt zugleich. Heiliger Geist ist der Schöpfer des Messias im Schoß der Jungfrau Maria. Diese Offenbarung wird dadurch verhüllt, dass Jesus von einer Jungfrau empfangen und geboren wird. Von natürlichen Kriterien und Maßstäben ist dieses Glaubensmysterium ebenso wenig verstehbar wie die Auferstehung Jesu Christi. Wort und Wirklichkeit gehören bei Gott zusammen. *Denn für Gott ist nichts unmöglich* (Lukas 1,37).

Aus einem tiefen Glauben und aus wahrer Hingabebereitschaft antwortet Maria dem Engel: *Ich bin die Magd des Herrn; mir geschehe, wie du es gesagt hast* (Lukas 1,38). Mit dieser Antwort nimmt Maria bereits die dritte Vaterunser-Bitte vorweg. Sie ist der Mensch, der bedenkenlos und hingebend auf das Gnadenangebot eingeht. Dreißig verborgene Jahre lebt Maria das Jesusleben mit. Dies hat zur Folge, dass sie Jesus immer ähnlicher wird, da sie im Glauben seinem göttlichen Wesen geöffnet ist. Sie weiß um sein Geheimnis: Er ist der Messias.

Christus ist gekommen, um das durch die Sünde verdunkelte Ebenbild Gottes im Menschen von Neuem in das Licht Gottes zu stellen. *Wir alle spiegeln mit enthülltem Angesicht die Herrlichkeit des Herrn wider und werden so in sein eigenes Bild verwandelt, von Herrlichkeit zu Herrlichkeit, durch den Geist des Herrn* (2 Korinther 3,18). Haben wir Jesus Christus im Auge und tragen ihn im Herzen, werden auch wir ihm, wie Maria, immer ähnlicher.

Da Maria der Christus ähnlichste Mensch ist, geht von ihr eine ganz besondere Anziehung aus für alle gläubigen Menschen. Sie verehren Maria, da sie einem jeden, der sich an sie wendet, die Gnade ihres Sohnes Jesus Christus vermittelt, im Glauben zu wachsen und fest zu bleiben. Menschen, die eine lebendige Beziehung zu Maria haben, werden nicht leicht ihren Glauben verlieren.

Ich stehe vor der Tür und klopfe an. Wer meine Stimme hört und die Tür öffnet, bei dem werde ich eintreten und wir werden Mahl halten, ich mit ihm und er mit mir.
Offenbarung 3,20

Wie soll ich dich empfangen?

Unter den unzähligen Sternen hat Gott einen erwählt,
die Erde, um auf ihr und durch sie Mensch zu werden.
Und auf dieser Erde hat er einen Menschen ersehen,
aus dem er seinen Leib nehmen und Mensch werden wollte.
Maria ist diese Erde, in die Gottes Himmel sich schenkte.
Dem Dialog mit dem Engel geht kein Ringen voraus,
kein Hindernis findet das göttliche Wort, um zu handeln.
Maria fragt nicht, «wie begegn' ich dir?» – wie ich es tue
aus meinem zweifelnden Glauben und aus der Sünde
heraus.
Wie schwer fällt es mir, Gottes Gnade Einlass zu
gewähren.
Doch durch dich, Maria, wird «aller Welt Verlangen»
erfüllt.

In Jesus Christus ist der Segen der Liebe Gottes unter
uns
unwiderruflich zur lebendigen Wirklichkeit geworden.
Und diese Wirklichkeit Gottes klopft bei mir an und
wartet,
um auch bei mir in meine Lebenswirklichkeit
einzugehen.
«Wie soll ich dich empfangen und wie begegn' ich dir?»
Gott selbst beantwortet meine Frage mit seiner Gnade.
Du, Maria, lebst im Aufschauen auf Gott und im Gebet.

Im Verborgenen deines Herzens spricht Gott zu dir,
er drängt sich nicht auf, sondern lässt dir völlige Freiheit.

Durch dein Ja und deine Hingabe an das Werk Gottes
beginnt in dir das Geheimnis des Christusgeschehens
für immer und alle Zeit Wirklichkeit zu werden.
Du, Maria, schenkst der Welt die Fülle und das Leben,
das sich einmal in jedem Menschen und der Schöpfung
durch Gottes Heiligen Geist erfüllen und vollenden wird.
Der Krug ist gefüllt, der Lebensbaum grünt, er blüht
und trägt siebenfach Frucht. Doch dann wird sein Stamm
zu Balken des Kreuzes, das du erahnend schon schaust.

Du, Maria, bist Vorbild in allem, besonders im Glauben.
Durch dein Ja erfüllst du die dritte Vaterunser-Bitte
und durch liebende Hingabe wirst du zur Empfangenden.
Du zeigst mir den Weg und sagst mir, ohne zu sprechen,
dass mein Leben vom Heiligen Geist gesegnet ist,
und es an mir liegt, Ihm zu öffnen und Ihn zu empfangen.

Maria sagt Ja

Als der dänische Theologe und Philosoph Sören Kierkegaard (1813–1855) einmal nach der Bedeutung und Aufgabe des Heiligen Geistes gefragt wurde, fasste er seine Antwort in einer Geschichte zusammen: Ein reicher Mann erwirbt im Ausland zu einem hohen Preis ein Paar ausgezeichnete Pferde. Er spannt sie vor seine Kutsche und fährt mit ihnen zu seinem eigenen Vergnügen. Nach ungefähr zwei Jahren jedoch sind die einst so edlen und stolzen Pferde nicht wiederzuerkennen. Ihre Augen sind matt und schläfrig geworden, ihr Fell hat allen Glanz verloren und ist stumpf, ihr Gang ist träge, ohne Haltung und Straffheit. Sie sind kaum noch imstande, irgendwelche Belastungen auszuhalten. Ohne die Befehle des Kutschers zu beachten, bleiben sie einfach stehen – erschöpft, launisch und störrisch. Obwohl sie das beste Futter im Überfluss haben, magern sie ab und werden kraftlos.

In seiner Ratlosigkeit bittet der reiche Mann den bewährten und berühmten Kutscher des Königs um Hilfe. Dieser hervorragende Fachmann nimmt sich der völlig heruntergekommenen beiden Pferde einen Monat lang an, indem er sie wie gewohnt anspannt. Und am Ende gibt es im ganzen Land keine Pferde, die so feurig, ausdauernd und stark sind wie diese. Sie tragen ihren Kopf wieder stolz erhoben, ihr Fell glänzt, ihre Haltung ist aufrecht und schön, und ihr Gang wirkt so edel, dass sie alle Augen auf sich ziehen.

Woran liegt das? Der Besitzer, der, ohne Kutscher zu sein, den Kutscher spielen wollte, fuhr die Pferde nach dem Willen der Pferde. Der königliche Kutscher, ein Mann des Fachs, fuhr die Pferde nach den Vorstellungen und dem Willen des Kutschers.

Wir verfügen über viele Gaben, gute Intuitionen und Ideen, doch fehlt uns oftmals der Kutscher. Das heißt, wir führen unser Leben oft einzig und allein nach unseren eigenen Vorstellungen, und das kann unter Umständen sehr abweichen von dem, was der Schöpfer mit uns vorgesehen hat. Es fehlt uns die wahre Kenntnis, die rechte Entscheidung, Geduld, Ausdauer und vieles mehr. Der Geist Gottes möchte unser «Kutscher» sein und die Zügel unseres Lebens in die Hand nehmen. Wenn wir uns daher vom Heiligen Geist lenken lassen, wird unser Leben dem Willen Gottes entsprechen und gelingen. *Alle, die sich vom Geist Gottes leiten lassen, sind Kinder Gottes* (Römerbrief 8,14). Wer seine Begabungen und Fähigkeiten, ja, sein gesamtes Leben, unter die Führung des Heiligen Geistes stellt, wird über sich selbst hinauswachsen und Dinge tun, die er sich selbst nicht zugetraut hätte. Begeisterung wird ihn erfüllen, und er wird in schwierigen Lebenssituationen den für ihn rechten Weg finden. Der in uns wohnende Heilige Geist kennt uns besser, als wir uns selbst kennen. Er weiß, was er uns zumuten kann und darf, wie der königliche Kutscher genau weiß, wie er die Pferde zu führen hat, um sie zu dem zu machen, was sie im Eigentlichen sind.

Ein Wort des Aurelius Augustinus lautet: «Die Sehnsucht Gottes ist der Mensch.» Durch Jesus Christus, der als Sohn Gottes in unsere Welt kam, ist diese Sehnsucht menschlich begreifbare Wirklichkeit geworden. Er hat uns sein Wort und sein Leben, seinen Geist und sich selbst geschenkt, um das Reich Gottes auf uns auszudehnen und uns teilhaben zu lassen an der Liebe des Vaters. Die Sehnsucht Jesu Christi besteht darin, dass wir vereint mit Christus durch Hingabe zu einer Gabe an den Vater werden.

Das Leiden und der Tod Jesu, den er auf sich genommen hat, um uns den Weg zum Vater wieder zu erschließen, sind der äußerste Erweis seiner Liebe. Durch Aufopferung seines eigenen menschlichen Willens und durch Hingabe an den Vater zieht Christus alle Menschen, wenn sie den unausweichlichen Tod auf sich genommen haben, mit in seine Auferstehung und in das ewige Leben. Als Erster der Entschlafenen kehrt Jesus zum Vater zurück, um vom Vater her allen, besonders aber jenen, die seiner Barmherzigkeit am meisten bedürfen, den Geist Gottes und damit göttliches Leben zu schenken. Durch den, der als Mensch und Sohn Gottes in die Herrlichkeit des Vaters aufgenommen wurde, empfangen wir den Heiligen Geist.

Der uns zuströmende Geist Gottes ist gleichzeitig der Geist Jesu – angepasst an unser begrenztes Menschenwesen. Heiliger Geist möchte bei uns einkehren und unser eigentliches Wesen, das bei vielen Menschen verschattet ist oder gar im Dunkel liegt, berühren, zur Entfaltung bringen und verklären. Unvorstellbar ist das Feuer der Liebesglut, das in Gott für uns brennt. *Unser Gott ist verzehrendes Feuer* (Hebräerbrief 12,29). Wenn nur ein Fünkchen der Glut, die der Feuerball Sonne in sich selbst hat, in ein Haus eindränge, es würde sofort in Flammen aufgehen und rein gar nichts würde zurückbleiben. Und doch ist die Glut der Sonne nur ein unzureichendes Bild für das göttliche Feuer der Liebe.

Da Gott den ewigen Ratschluss gefasst hat, sich selbst den Menschen zu schenken, stellt sich die Frage, wie er dies verwirklicht. Es geschieht durch das Mensch gewordene Wort, durch Jesus Christus, der selbst noch als Mensch die göttlichen Liebesgewalten aushalten konnte. Um sie jedoch uns Menschen weiterzuschenken, wird Jesus zum Transformator der göttlichen Liebesenergien für alle Geschöpfe. Wenn wir an die ungeheuren Energiegewalten denken, die ein Kraftwerk erzeugt, so bedarf es vieler Transformatoren, die den Strom anpassen, damit zum Beispiel ein Haus mit Licht versorgt werden kann. Vielleicht lässt dieses Bild erahnen, was in und durch die Menschwerdung Jesu Christi geschehen ist. Er nahm unsere Menschennatur an, damit die Sehnsucht Gottes und seine Liebe den Menschen sanft berühren und in ihm wachsen können. Jesus wurde Mensch, damit Gott sich uns durch ihn und mit ihm und in ihm schenken kann.

Das unendlich große Geschenk der Liebe Gottes an uns Menschen nimmt einen neuen Anfang mit Maria. Sie, die am Anfang des Christusereignisses steht, bereitet das Kommen Jesu vor. Als der Engel ihr die Frohe Botschaft verkündet, verzichtet Maria auf die Einsicht des Verstandes und setzt dafür die Hingabe des Herzens ein. Ihre Antwort an den Engel und durch ihn an Gott lautet: *Ich bin die Magd des Herrn; mir geschehe, wie du es gesagt hast* (Lukas 1,38). Diese Hingabe an den Willen und die Vorsehung Gottes ist der vollendete Ausdruck des Glaubens Abrahams und ganz Israels. In Maria findet das Vorhaben Gottes nicht den geringsten Widerstand und kein Hindernis. Sie ist sensibel und offen für Gottes Inspiration. Sie sagt Ja zu einem Weg, von dem sie nicht weiß, wohin er führt.

Durch ihre Bereitschaft, sich dem Anruf Gottes zu öffnen, bildet Maria das Fundament der gesamten christlichen Existenz. Ihr Herz ist der Grenzenlosigkeit Gottes gegenüber so weit geöffnet, dass Gott in diesem Herzen den neuen und ewigen Bund mit den Menschen beginnen kann. Das Herz Marias, dem Gott alles zumutet, hält die Bereitschaft des Ja-Sagens zum Plan Gottes durch bis in die Nacht der Verlassenheit, bis unter das Kreuz ihres geliebten Sohnes, wo es geistig durchstoßen wird. Ihr Leben wurde getragen und geführt von ihrem Sohn Jesus Christus, der ihr Vorbild war in unbeirrbarer Treue zum Vater. In Maria werden weder Vorbehalte noch Grenzen dem Plan Gottes gegenüber sichtbar, sodass sie zu einem reinen und vollkommenen Spiegel wird, der die Bereitschaft Gottes, zur Welt Ja zu sagen, widerspiegelt.

Es gibt zweimal ein Wort bei Goethe, das das Gleiche ausdrückt: «Wir werden, was wir schauen» und «Was wir im Auge haben, formt uns.» Einem Ehepaar wurde nach vielen Jahren des Wartens ihr erstes Kind geschenkt. Es war ein Mädchen, wunderschön anzuschauen. Die Verwandten, die sich über die Wiege beugten, sagten: «Womit hat sie denn nur Ähnlichkeit? Nicht mit der Mutter und auch nicht mit dem Vater!» Die Mutter hatte die weiteren Gedanken der Verwandten erkannt und wies ganz bescheiden auf ein Marienbild, das dort im Zimmer hing. Sofort erkannten alle die Ähnlichkeit des Bildes mit dem kleinen Mädchen.

«Ich habe in all den Wochen und Monaten vor der Geburt immer und immer wieder vor diesem Bild gebetet und es betrachtet», sagte die Mutter. «Maria habe ich unser Kind anempfohlen und mich in ihre Glaubenshaltung eingeübt: Mir geschehe nach deinem Wort.» Die Verwandten waren sprachlos und staunten. Dies ist natürlich eine Legende, in der jedoch eine große Wahrheit steckt: «Wir werden, was wir schauen.»

Viele Menschen haben verlernt, etwas zu erwarten und zu empfangen. Sie meinen, alles selbst leisten zu müssen. Sie wissen nicht, dass vor jeder Aufgabe, die sie ausführen wollen oder müssen, die Gabe steht, die dann zur rechten Aufgabe führt. Bei vielen hat sich der Aktivismus bis zum Äußersten entfaltet und es gilt nur noch das Leisten und die Aktivität, die nicht auf etwas warten will, sondern einzig und allein auf das eigene Können setzt. Und gerade das ist es, was uns aufreibt und krank macht: alles selbst in die Hand nehmen, die Kirche, den Gottesdienst, die Zukunft …

Der Prophet Haggai mahnt, zu überlegen, welche Ursachen es hat, wenn bei vieler Arbeit so gut wie gar nichts dabei herauskommt: *Ihr sät viel und erntet wenig; ihr esst und werdet nicht satt; ihr trinkt, aber zum Betrinken reicht es euch nicht; ihr zieht Kleider an, aber sie halten nicht warm und wer etwas verdient, verdient es für einen löcherigen Beutel* (Haggai 1,6). Um zu wahrhaft Empfangenden und Leistenden zu werden, die nachhaltig Freude und Erfüllung am Erfolg ihrer Arbeit haben, sollten wir auf das Geheimnis Marias hören: Ihr, die ihr alles machen und leisten wollt, könnt das Heil nicht selbst machen oder einen aus eurem Denken und Wollen gefertigten Gott. In Jesus Christus will Gott sich euch immer neu schenken. Haltet in all eurem Tun inne und richtet euch im Nichttun auf

Gott, den Geber alles Guten. Wenn ihr euch im Gebet oder in der Feier der Eucharistie ihm, dem Herrn, hingebt, ohne selbst etwas zu tun oder zu wollen, wird er euch reich mit seiner himmlischen Gabe beschenken, die euch dann zur Aufgabe wird. Öffnet im Schweigen vor Gott nicht nur eure Hände, sondern auch euer Herz und empfangt ihn, dessen Sehnsucht ihr seid. Immer sollte das Innehalten und Empfangen an erster Stelle stehen, das heißt, die Gabe steht vor der Aufgabe. Maria war bereit, ganz und gar ihren Auftrag und ihre Sendung aus Gottes Hand anzunehmen. So wird ihre Mutterschaft zu allererst zu einer Gabe, die sie von Gott empfängt, und im nächsten Schritt dann zur Aufgabe in dieser Welt und Zeit.

Alles Tun und jeglicher Einsatz für die Kirche sind umsonst, wenn wir uns nicht zuvor und immer wieder Gott zur Verfügung stellen. Als Erstes müssen wir nicht etwas tun, sondern vertrauend und bedenkenlos zulassen, dass Gott zuerst an uns handelt. Für viele Menschen ist dies kein einfacher Schritt, denn er verlangt ein Umdenken und Aufgeben von vielleicht tief eingefleischten Lebens- und Denkmustern.

Ein jeder von uns ist von Gott gewollt und ins Leben gerufen. Gott wartet auf unser Ja-Wort, da er eine besondere Sendung und Aufgabe für uns bereithält. Um das zu erkennen, bedarf es des Innehaltens und der Hingabe – sowohl im Gebet als auch in der Feier der Eucharistie. In seiner unendlichen Liebe klopft Gott fortwährend bei uns an und wartet darauf, bei uns anzukommen, indem wir ihm im Gebet des Schweigens Raum und Zeit schenken, das heißt, uns auf ihn hin verlassen und uns ihm öffnen. Indem Maria alles Persönliche Gott hingegeben hat, um allein ihm zur Verfügung zu stehen, ist sie gerade dadurch vollends Person und Persönlichkeit geworden.

Wenn wir unsere eigensinnigen und selbstsüchtigen Wünsche dem Herrn aufopfern und somit Hingabe unseres Selbst üben, dann wird uns Gott durch diese liebende Hingabe an seinen Willen in Fülle die Gaben seines Heiligen Geistes schenken. Es stellt sich allerdings die Frage, ob wir bereit sind, uns von Gott herausfordern und beschenken zu lassen. Sind wir in der Lage, sowohl aus der hektischen Betriebsamkeit als auch aus der Fülle unserer Gedankenaktivität und der Vorstellung, alles selbst leisten zu müssen, herauszutreten und uns Zeit zu nehmen für das Gebet der Hingabe?

Der Wille Gottes und sein Vorhaben mit uns kann in der Stille und im persönlichen Gebet der Ruhe erfahrbar werden: eine innerliche Stärkung, ein geheimer Zuspruch, neuer Mut zum Leben und, wenn es sein muss, auch zum Leiden und zum Sterben. Wir verstehen nicht immer gleich, was Gott mit uns vorhat, wenn wir diesen oder jenen Schicksalsschlag ertragen müssen, wenn er uns gerade die Menschen schickt, die uns am wenigstens liegen, oder uns eine Last aufbürdet, von der wir meinen, sie nicht tragen zu können. Nehmen wir, wie Maria es getan hat, Gottes Herausforderungen an, selbst wenn wir sie nicht einsehen oder durchschauen, und halten bejahend aus, dann wird das Ja Marias zum Willen Gottes auch zu unserem Lebensprogramm. Einmal werden wir den tiefen Sinn, der in allem gründet, was uns begegnet, erkennen und unendlich dankbar für alles sein, was der Herr uns zur inneren Reifung geschickt hat.

Maria nimmt mit ihrem Glaubenswort *Mir geschehe,*

wie du es gesagt hast und der damit verbundenen Hingabe an Gott die dritte Vaterunser-Bitte vorweg: *Dein Wille geschehe wie im Himmel, so auf der Erde* (Matthäus 6,10). In der Freiheit des Menschen ist auch sein eigener Wille gegründet, den er mit dem Willen des Schöpfers in Einklang bringen, aber auch gegen ihn gebrauchen kann. Seit dem Fall der ersten Menschen, die ihren Eigenwillen gegen das Wollen Gottes durchsetzten, herrscht in einem jeden von uns eine gewisse Spannung zwischen dem eigenen Willen und dem Willen Gottes. Zahlreiche Katastrophen hat der Mensch durch seine Eigenwilligkeit auf sich geladen. Wie unheimlich der Wille des Menschen sein kann, das zeigen die Gräueltaten von Kain bis heute.

Trotz vieler Einsichten und Erkenntnisse sträuben wir uns immer wieder gegen den Willen Gottes und zielen sogar darauf hin, den Willen Gottes unserem eigenen Willen anzupassen. Warum hält der Mensch so zäh an seinem Eigenwillen fest? Sind es Stolz, Anmaßung, Bequemlichkeit und Selbstbehauptung, mangelnde Demut und das Vergessen, dass wir uns alle Gott gegenüber verdanken? Das von uns selbst Bestimmte kommt uns überschaubarer vor, und darum klammern wir uns allzu leicht so ängstlich daran, während das von Gottes Willen Ausgehende uns unüberschaubar erscheint. Durch Übungen des Loslassens und der Hingabe reift im Betenden die Weisheit, die sich dem Unvermeidlichen beugt und zugleich das Beste daraus macht. Doch ehe wir erkannt haben, was Gott von uns möchte, und bereit sind, uns seinem Willen hinzugeben, müssen wir oftmals noch leiden.

Wie oft läuft unser Eigenwille quer zum Willen Gottes, der doch unser Heil bedeutet. In diesen Situationen erfahren wir Gott als Leid, wo sein Wille unseren Willen durchkreuzt und wo unser Wille nicht eins ist mit dem Willen Gottes. Aber Gott will nicht, dass wir leiden; er möchte, dass wir uns ändern und einwilligen in seinen Willen, der einzig und allein zu unserem Heil führt. Daher ist Gott uns besonders in schweren Stunden, an den Übergangsstellen, den Kreuzungspunkten unseres Lebens, ganz nahe.

Durch Hingabe an den Herrn wird schrittweise der Teil unseres Eigenwillens abgebaut, der nicht in Einklang mit dem göttlichen Willen steht. Das regelmäßig ausgeführte Hingabegebet, zu dem zum Beispiel das auf Johannes Cassian (360–435) zurückgehende Ruhegebet gehört, führt auf einen Läuterungsweg, der die Liebe und den Willen Gottes fortschreitend in uns zum Durchbruch bringt. Diesen Weg zum Vater hat uns Christus geebnet durch seine Menschwerdung, sein Wort und seine Lehre, durch sein Beispiel, seine Passion, seinen Tod und seine Auferstehung.

Dein Wille geschehe bedeutet, den Vater, den Sohn und den Heiligen Geist zu bejahen und absichtslos und bedenkenlos zu lieben – zu lieben, weil Gott auch uns liebt und uns zuerst geliebt hat.

In der wohl schwersten Stunde, die Jesus in dieser Welt erleben muss, versucht er sich loszulassen und hineinzubeten in den Willen und die Liebe des Vaters. Diese Hingabe an den Vater hat Jesus bis an die äußerste Grenze seiner menschlichen Fähigkeiten beansprucht. Jesus spricht hier sein Innerstes aus: *Vater, wenn du willst, nimm diesen Kelch von mir! Aber nicht mein, sondern dein Wille soll geschehen* (Lukas 22,42). Das Gebet Jesu in dieser Stunde größter Einsamkeit angesichts der Macht des Todes mündet in eine vollständige Hingabe an den Willen des Vaters.

Jesus erleidet nicht nur am Kreuz, sondern bereits im Gebet auf dem Ölberg die letzte und äußerste Konsequenz seiner Menschwerdung. Er verbirgt die Angst seiner Seele nicht vor den Jüngern, die so zu Zeugen seines abgründigsten Leidens werden und gleichzeitig erfahren dürfen, dass in tiefster menschlicher Not Gott, der Vater, noch immer mächtig ist, zu helfen.

Was Jesus im Vaterunser die Jünger beten lehrte, das betet er selbst am Ölberg in letzter Vollendung, indem er sich ganz unter die dritte Vaterunser-Bitte stellt. Er opfert sein Leben in dieser Welt – jetzt angstbeladen – dem Vater auf und preist damit Gottes allmächtigen Schöpferwillen. Im Gebet und in der Hingabe an den Vater überwindet Jesus die Todesangst, und er darf die neu vollzogene Einheit der Liebe mit dem Vater erfahren. Die Erscheinung des Engels als Antwort auf das Gebet Jesu am Ölberg bedeutet ein liebendes Entgegenkommen und eine Stärkung, die von Gott ausgehen. *Da erschien ihm ein Engel vom Himmel und gab ihm neue Kraft* (Lukas 22,43).

Wenn Gott unser Leben durchkreuzt, lässt er uns gleichzeitig spüren, dass wir in seinem Herzen sind. Haben wir keine Angst, denn zerbrechen kann nur das Zerbrechliche, um dem Unzerbrechlichen Raum zu geben. Um ein Gespür zu bekommen für den Willen und die Liebe Gottes, müssen wir uns immer erneut einüben in das Gebet des Herzens und die Hingabe an Gott. Am Anfang unseres Pilgerweges zu Gott – denn wir sind aus ihm und auf ihn hin erschaffen – steht Maria, die Mutter Jesu und Trösterin der Betrübten. Sie hilft uns, dass auch wir einmal aus tiefstem Herzen sagen können: *Mir geschehe, wie du es gesagt hast.*

Maria voll der Gnade

Tod und Leben symbolisiert der Apfel: Reif, heil und rund gilt er als Symbol der Unsterblichkeit; der angebissene Apfel dagegen steht als Symbol der Sünde und des Todes. Der angebissene Apfel ist Attribut Evas und der Schlange. Dagegen ist der Apfel in der Hand Marias oder des Jesuskindes das Symbol der durch Christus besiegten Erbsünde. So kennzeichnet der Apfel Maria als neue Eva und das Kind als zukünftigen Erlöser von Sünde und Tod. Durch das Ja Marias wurde die göttliche Ordnung wiederhergestellt und die Menschwerdung Gottes eingeleitet. Im neuen und ewigen Bund hat Gott sich für immer mit uns durch seinen Sohn versöhnt.

Doch wie war es vorher? Der Mensch lebte als Ebenbild Gottes in der Wahrheit seines Geschöpfseins wie ein Kind in der Sphäre der Liebe – verankert im Urgrund Liebe. Ohne das Wissen um etwas Böses und eingetaucht in den Glanz des Du, atmete der Mensch die Gegenwart Gottes, geschaffen, um geliebt zu werden und wiederzulieben. Für den Menschen bedeutete die Gottesbegegnung das Aufleuchten des göttlichen Antlitzes, den Gipfel paradiesischer Erfahrung. Der Baum der Erkenntnis und seine Früchte sind Symbol für den Verzicht auf den Zugriff des Menschen. Der göttliche Vorbehalt sagt, dass die Freiheit nur auf einer letzten Gebundenheit gelebt werden kann. Gott prüft das Urvertrauen des Menschen, dass er auch da Gott vertraut, wo der Mensch in die Vorsehung Gottes kein Einsehen hat.

Die versucherische Situation trat in dem Augenblick an den Menschen heran, als er allein war. Von der Faszination des Angebotes geblendet, wie Gott sein zu können, erlag der Mensch der Versuchung. Anstatt die einzige Begrenzung, die Gott zwischen sich und dem Geschöpf errichtet hatte, in Geduld und Demut anzunehmen, gingen dem Menschen durch seinen Ungehorsam im Äußeren zwar die Augen auf, im Inneren jedoch erblindete er. Um der widergöttlichen Kraft nicht zu erliegen, hätte der Mensch zu seinem Mitmenschen gehen sollen, denn der Mensch ist dem Menschen zur Hilfe gegeben. Einer sah im anderen den Glanz seines Ursprungs und schaute somit Gott im menschlichen Gegenüber. Der Versucher wäre mit seinem Vorhaben gescheitert, wenn der zweite Mensch als von Gott erfüllt und Gott ausstrahlend hinzugekommen wäre. Doch er bleibt allein und greift aus Egoismus zu, anstatt abzuwarten, um beschenkt zu werden. Er lässt die fremde Stimme in sich ein, und nach dem Zugriff isst er für sich allein, ohne einen liebenden Bezug zum Du des Nächsten aufzunehmen. Indem die Rollen von Du und Ich vertauscht werden, hat bereits die Ich- und Diesseitswelt begonnen. Wenn einer aus dem Paradies tritt, ist das Paradies auch für den anderen dahin, weil die zu Gott ziehende Hilfe des Ebenbildes fehlt. Im Glanz der Selbstherrlichkeit wird der Sog von unten immer stärker, von dorther also, woher die widergöttliche Weisung kommt.

Seither bleibt dem Menschen nur eine bestimmte Lebensfrist, die vom Tod beendet wird. Doch der Mensch steht weiter unter dem rettenden Anruf Gottes und hat zu jeder Zeit die Chance der Umkehr. Nach dem Sündenfall strömt die Liebe, die jemand schenkt, nicht einzig und allein mehr aus dem Heiligen Geist, sondern durch verborgene Ich-Liebe mischt sich die Erwartung ein, für alles Dank und Gegenleistung zu bekommen. Oft dominieren sogar die Ego-Mächte, die in Besitz nehmen wollen und den anderen zwingen, unten zu sein. Infolge der Machtausübung und der Verklammerung an das Unten kann sich keine selbstlose Liebe mehr schenken, und wahre Hingabe an den anderen ist nicht mehr möglich, denn der Mensch findet nur im Strahlenbereich des Du sein eigenes Ich.

Jesus Christus kommt durch das Ja eines Menschen in die Welt – *uns in allem gleich, außer der Sünde* (Hebräer 4,15). Er siegt über den Sog von unten und damit auch über den Tod. Durch Christus können wir uns wieder in liebendem Vertrauen auf Gott ausrichten und durch den neuen und ewigen Bund Gottes Entgegenkommen und seine Gegenwart empfangen.

Am Beginn des Christusereignisses steht Maria (vgl. Lukas 1,26–38). Der Engel Gabriel verkündet Maria die Geburt Jesu. Gott wendet sich dem Menschen zu und fragt, ob er durch ihn Mensch werden kann. Dieser Bericht aus dem Neuen Testament ist der schönste und dichteste Dialog des sich offenbarenden Gottes mit einem gläubigen Menschen. Bei Maria gibt es kein Ringen eines verdunkelten Herzens mit dem göttlichen Licht der Gnade, kein Zweifeln, kein Erschrecken, keine Trauer und kein Missverstehen.

Als der Engel jedoch dem Zacharias erscheint, um ihm die Geburt des Täufers zu verkünden, überfällt diesen große Furcht. *Als Zacharias ihn sah, erschrak er und es befiel ihn Furcht. Der Engel aber sagte zu ihm: Fürchte dich nicht, Zacharias!* (Lukas 1,12–13). Wenn plötzlich und unerwartet in einem Engel das Licht Gottes erscheint, werden die meisten Menschen vor Erschrecken und Furcht fassungslos zurückweichen. Die Furcht muss erst genommen werden, damit der Mensch versteht, was der Wille Gottes ist oder was Gott ihm schenken möchte. Bei der Gottesbegegnung des Mose am brennenden Dornbusch *verhüllte Mose sein Gesicht; denn er fürchtete sich, Gott anzuschauen* (Exodus 3,6). Ähnlich verhält sich Elija am Berg Horeb, als er den Herrn erwartet. Der Herr ist nicht im heftigen Sturm, der die Felsen sprengt, nicht im Erdbeben und nicht im Feuer, sondern Elija vernimmt eine Stimme vorbeischwebenden Schweigens. Daraufhin hüllt er sein Angesicht in den Mantel und tritt aus der Höhle (vgl. 1. Buch der Könige 19,11–13). Auch bei der Begegnung der Emmausjünger mit dem auferstandenen Herrn gehen Trauer, Zweifel, Aufregung und eine zerstörte Hoffnung voraus. Als Suchende ringen sie mit der Gnade Gottes (vgl. Lukas 24,21–22).

Bei Maria ist es nicht so. Bei ihr geht dem Gespräch mit dem Erzengel Gabriel kein Ringen des göttlichen Lichtes mit der Verdunkelung eines Herzens voraus. Der Dialog bewegt sich auf der Ebene reiner Gnade. Der Engel spricht Maria an mit den Worten: *Sei gegrüßt, du Begnadete, der Herr ist mit dir* (Lukas 1,28).

In dem Gespräch mit dem Engel und damit mit Gott, findet das göttliche Wort und das göttliche Handeln nicht den geringsten Widerstand. Alles geschieht von Gott her auf der Ebene des Heiligen Geistes und vom Menschen her auf der reinen Ebene des Glaubens. Maria lebt im Aufschauen auf Gott aus einer einzigartigen Glaubenstiefe und Reinheit, sodass keine Furcht bei ihr aufkommt. Sie ist sensibel und offen für das Wort Gottes und seine göttliche Eingebung, für Offenbarung in Wort und Geschehen. In der Antwort Marias: *Mir geschehe, wie du es gesagt hast* (Lukas 1,38), wird deutlich, wie der vollkommene Gleichklang zwischen Gott und dem Menschen gelingt.

Gott möchte jeden Menschen in der Tiefe seiner Seele ansprechen und durch ihn neu in die Welt hineinkommen. Nach dem Gruß sagt der Engel: *Der Herr ist mit dir* (Lukas 1,28). Darf nicht jeder von uns dieses Wort auf sich selbst beziehen? Gott ist im Menschen anwesend, aber gleichzeitig auch in dem Wort, das er zu uns spricht. Um Glaubenstiefe zu erreichen und die Gegenwart Gottes in uns leibhaftig zu spüren, ist eines notwendig: Wir müssen den Weg frei machen, damit die Ebene meiner Seele, auf der Gott in mir ist, mit dem Wort, das Gott zu mir spricht, in Beziehung treten kann. Es geht einzig und allein darum, dass wir der Bewegung der Gnade, durch die «Gott ist in mir» und «Gott ist im Wort» eins werden kann, keine Hindernisse in den Weg stellen.

Im ersten Augenblick, als der Engel sie anspricht, findet Maria keine Worte, sondern sinnt nach, was das Wort bedeutet. Im Nachsinnen jedoch bleibt sie offen für den Fortgang des Dialogs. Doch dann nimmt sie das Wort schweigend auf und lässt sich hingebend darauf ein. Indem sie sich dem Wort Gottes ganz und gar ausliefert, kann das Wort sein Ziel erreichen.

Durch den Engel spricht Gott Maria mit ihrem Namen an. Er möchte eine freie persönlichen Antwort von ihr und lässt ihr Zeit, indem er weiter spricht: *Du hast bei Gott Gnade gefunden* (Lukas 1,30). Durch den Engel kündigt sich Gott selbst als Mensch an. Die damit verbundene Frage geht nicht nur an Maria, sondern an jeden Menschen, mit dem Gott ins Gespräch tritt. Die Zuwendung Gottes geschieht meist in Situationen, in denen wir einen Anspruch Gottes nicht für möglich halten. So ereignet sich das Unglaubliche im Unscheinbaren, in der Routine und in der Grauzone unseres Alltags. Gott teilt sich uns dann mit, wenn wir am wenigsten damit rechnen und uns nicht auf ihn eingestellt haben. In seinem Anspruch an uns weist Gott uns auf etwas hin, das wir nicht für möglich halten.

Gott mutet uns etwas zu, das für uns undenkbar ist. Anstatt die Zumutung, die an Maria gestellt wird, abzuweisen und damit den Dialog voreilig abzubrechen, geht Maria mit einer Gegenfrage auf die Zumutung ein: *Wie soll das geschehen?* (Lukas 1,34) Sie fragt damit nicht nach näheren Umständen und Beweisen und bleibt so mit ihrer Fragestellung offen und im Gespräch. Maria lässt sich bereits von Gott bestimmen, indem sie die Frage nach dem «Wie» stellt. Mit einer vorzeitigen Antwort, mit einem zu früh gesprochenen «Ja» oder «Nein» hätte Maria den Dialog Gottes mit ihr abgebrochen. Sie tut es nicht, sondern bleibt offen für den Fortgang dessen, was auf sie zukommen möchte.

Damit Gott durch den Menschen Mensch werden kann, muss der Mensch sich mit all seinen Möglichkeiten Gott ganz zur Verfügung stellen. Das göttliche Wort, das immer neu an uns ergeht, bleibt so lange Verheißung, bis es vom Menschen angenommen und bejaht wird, durch sein gesamtes menschliches Wesen hindurchgeht und leibhaftig wird. Erst jetzt sind Wort und göttliche Wirklichkeit in uns zu einer umfassenden Einheit geworden, die uns trägt, uns vor allem Bösen schützt, die Reinheit unserer Seele bewahrt und uns zum ewigen Leben führt.

Wenn das göttliche Wort, das immer wieder neu an jeden ergeht, angenommen und zugelassen wird, gibt es für uns Aufbrüche in nie geahnte Dimensionen der Freude, des inneren Glücks und der Seligkeit. Bei Gott sind Wort und Wirklichkeit eins, und nichts ist für ihn unmöglich. Es hängt einzig und allein vom Menschen ab, ob er sich dem Anruf und dem Wort gegenüber öffnet, sodass der Dialog Gottes mit dem Menschen gelingt. Gott räumt Maria und damit auch uns das letzte Wort ein. So tief neigt sich der Schöpfer vor seinem Geschöpf, so viel Ehrfurcht hat er vor dem Menschen, dass Gott uns nicht bevormundet, sondern auf unser letztes Wort wartet. Hat sich der Mensch für Gott entschieden, so wachsen das Wort Gottes und die Antwort des Menschen immer mehr zusammen, bis der Wille Gottes in unserem Leben transparent wird. Zur gleichen Zeit geben wir dem Wort Gottes in uns Raum, sodass Gott durch den Menschen Mensch werden kann.

Wie wunderbar ist es zu entdecken, dass sich die Wirklichkeit Gottes beim Menschen kundtut, Gott uns anspricht und für jeden von uns ein Wort hat. Diese Wirklichkeit bietet sich uns im Vorübergehen; im Banalen und Zufälligen werden wir von Gott angesprochen. In allem, was uns begegnet, sind Lebenszeichen Gottes verborgen, die es heißt, zu erkennen und in uns aufzunehmen. Durch das Gebet der Hingabe oder auch Ruhegebet genannt, wird es uns möglich, uns auf das Wort Gottes hin loszulassen und uns vertrauend in ihn hineinfallen zu lassen. Er wird das von uns nehmen, was nicht zu uns gehört, und uns eine Gabe schenken, die uns in dieser Welt und Zeit zu der Aufgabe wird, zu der wir von Gott berufen sind.

Wie anfangs für Maria und später für Petrus und viele andere, die sich in die Nachfolge Christi begaben, so kommt auch für den reichen Jüngling die Stunde der Berufung und Entscheidung (vgl. Lukas 18,18–30). Doch im Gegensatz zum gelungenen Dialog Gottes mit Maria bricht hier der Jüngling das Gespräch mit Jesus ab. Obwohl er zu den führenden Männern gehört, zieht es ihn zu Jesus mit der Frage nach dem ewigen Leben, denn Zweifel an der traditionellen Heilsgewissheit sind bei ihm aufgetaucht. Er muss etwas von der Güte und dem Gutsein Jesu gehört oder gar erlebt haben, denn Jesus ging ja durch die Städte und Dörfer und begegnete vielen Menschen. Jetzt geht der junge Mann zu Jesus – wohl in dem Empfinden, dass er ihm die Beantwortung seiner Frage zutraut. Der gütige und liebende Blick Jesu und das Wissen um all das, was Jesus den Menschen an Gutem tat, muss den jungen Mann innerlich so erreicht haben, dass er Jesus nun fragt: *Guter Meister, was muss ich tun, um das ewige Leben zu gewinnen?* (Lukas 18,18)

Diese Frage gründet möglicherweise im Leistungs- und Besitzdenken: Er will etwas tun, um das ewige Leben zu gewinnen. Jesus reagiert auf seine Frage zunächst einmal distanziert und sagt: *Warum nennst du mich gut? Niemand ist gut, außer Gott, dem Einen* (Lukas 18,19). In Wirklichkeit weiß der reiche Jüngling nicht, wen er vor sich hat. Aber unwillkürlich sagt er die Wahrheit: Gut ist Gott allein.

Jesus weist den Jüngling auf die Tora hin, das jüdische Gesetz, das ja den Weg zum Leben zeigt. Alle Gebote, die

Jesus aufzählt, hat der junge Mann von Jugend an befolgt. Doch zweifelt er daran, ob er mit der Befolgung des Gesetzes allein des ewigen Lebens gewiss sein kann. Er spürt, selbst wenn man alles Vorgeschriebene einhält und tut, erfüllt sich noch nicht die Mitte aller Gebote: Gott über alles zu lieben und den Nächsten wie sich selbst. Der reiche Jüngling weiß, dass Leben nicht gelingen kann, wenn es so weitergeht wie bisher. Aber was soll werden – was muss verändert werden? Diese Frage, die ihn tief bewegt, stellt er auf dem Hintergrund seiner religiösen Praxis und Erfahrung.

Dann schaut Jesus ihn voll Liebe an und sagt: *Eines fehlt dir noch! Wenn es dir wirklich Ernst ist mit dem ewigen Leben: Verkauf alles, was du hast, verteil das Geld an die Armen und du wirst einen bleibenden Schatz im Himmel haben; dann komm und folge mir nach!* (Lukas 18,22) Jesus bietet dem reichen Jüngling an, sein Leben mit ihm zu teilen. Würde er diesen Schritt in die Nachfolge Jesu tun, wäre dies bereits das ewige Leben.

Offenbar hält der junge Mann die Worte und den liebenden Blick Jesu nicht aus, und es beginnt in ihm zu kämpfen. Jesu Antwort entzieht ihm das Fundament seines bisherigen religiösen Lebens. Alles, was er bisher geleistet hat, verliert seinen hohen Stellenwert angesichts der Worte und der Liebe, die von Jesus ausgehen.

Zwei ganz verschiedene Lebenshaltungen stoßen hier aufeinander. Der reiche Jüngling geht davon aus, dass er selbst seine Beziehung zu Gott und das ewige Leben durch Leistung in den Griff bekommen kann. Jesus möchte zwar den Suchenden für seine Nachfolge gewinnen, aber die Mentalität des Leisten- und Habenwollens lässt das nicht zu. Jesus sieht bereits zu Beginn der Begegnung, wie tief das Leistungsdenken bis in den Wurzelgrund dieses Mannes verankert ist. Deshalb greift er auch so radikal ein, indem er ihn bittet, alles loszulassen, was ihn hindert, mit Jesus auf einen gemeinsamen Weg zu kommen und unterwegs zu bleiben. Doch die vielen Verhärtungen des reichen Jünglings und die vielen Beziehungen, die er eingegangen ist, machen es unmöglich, einen Wandel zu vollziehen.

Er schaut zurück und sieht und spürt die vielen Beziehungen, die mit seinem Reichtum verbunden sind: Verantwortung für Menschen, Aufgaben und Pflichten, gesetzte materielle Ziele, Zusagen, Geschäftsbeziehungen, familiäre Bindungen, Freundschaften, Engagements und vieles mehr. Und jetzt, in diesem Augenblick, soll er eine Entscheidung treffen und hinter diesem armen Mann Jesus herlaufen! Von der gewohnten Fülle soll er weggeholt werden und alles Bisherige loslassen! Es kommt ihm wie Wahnsinn vor und er entzieht sich dem liebenden Blick Jesu, wendet sich schweigend von ihm ab und geht nach Hause. *Der Mann aber wurde sehr traurig, als er das hörte; denn er war überaus reich* (Lukas 18,23).

Dietrich Bonhoeffer sagt, dass die Traurigkeit des reichen Jünglings vielleicht noch die große Chance für ihn war, umzukehren und sich Jesus und seinem Wort zuzuwenden. Der Jüngling hat nicht verstanden, was es heißt, in den Dienst Jesu genommen zu werden: seine eigene Fülle loszulassen auf eine ganz andere verheißene Fülle hin, die ewiges Leben beinhaltet und nur von Jesus geschenkt wird. Das ewige Leben, nach dem der junge Mann fragt, wird ihm augenblicklich angeboten. Dieser Augenblick ist der Augen-Blick Jesu. Jesus schaut ihn voll Liebe an, und dies ist das Angebot des ewigen Lebens.

Wie es so viele Menschen tun, so denkt auch der reiche Jüngling, alles ginge nacheinander: Bevor ich Jesus nachfolge, muss ich erst noch an mein eigenes Leben denken, an meine Geschäfte, an meinen Vorteil, an mein Auskommen, Fortkommen und Einkommen … und dann an das ewige Leben. Aber so geht es nicht – es geht nicht nacheinander!

Der Mann aber wurde sehr traurig, als er das hörte: denn er war überaus reich. Dem Jüngling wird sein bisheriges Leben nicht mehr so wie früher behagen, da er Jesus selbst, dem ewigen Leben, begegnet ist. Er hat zwar den liebenden Blick Jesu verspürt, doch sein Herz hat diese Liebe vergebens nur für einen Augenblick erreicht. Und genau das macht jetzt seine Trauer aus. Vielleicht hat der junge Mann es irgendwann einmal nicht mehr ausgehalten und hat Jesus nochmals aufgesucht … Wir wissen es nicht.

Als der reiche Jüngling sich abwendet, sagt Jesus zu den Umstehenden und seinen Jüngern: *Wie schwer ist es für Menschen, die viel besitzen, in das Reich Gottes zu kommen!* Dann benutzt er ein altorientalisches Bildwort und fügt hinzu: *Denn eher geht ein Kamel durch ein Nadelöhr, als dass ein Reicher in das Reich Gottes gelangt.* Auf die Frage der Leute: *Wer kann dann noch gerettet werden?* antwortet Jesus: *Was für Menschen unmöglich ist, ist für Gott möglich* (Lukas 18,24–27).

Obwohl die zwölf Jünger alles getan haben, um Jesus nachzufolgen, meldet Petrus Zweifel an, ob die Botschaft Jesu in einer solchen Welt, in der die Menschen alles leisten und haben wollen, sich überhaupt noch durchsetzen kann. Jesus versichert: Gott lässt sich an Großmut nicht übertreffen (vgl. Lukas 18,28–30).

Auf meine Frage, was ich tun muss, um ewiges Leben zu gewinnen, bietet Jesus mir eine persönliche Beziehung zu ihm an. Was jetzt zwischen ihm und mir geschieht, kann ich weder voraussehen noch vorausberechnen. Habe ich eventuell Angst, ihm diese Frage zu stellen? Und wenn er mir sagt: *Eines fehlt dir noch!* – was werde ich ihm darauf antworten?

Hingabe ist alles

Ist auch das, Herr, was ich dir entgegenbringe, gering,
so opfere ich dir doch die ganze Liebe meines Herzens.
Mein Sein, all mein Wünschen, Fühlen und Denken
biete ich dir freudig an. Nichts möchte ich dir
vorenthalten –
mich selbst möchte ich dir in aller Liebe opfern.
Mein Herr und mein Gott, mein Schöpfer und mein
Erlöser,
so herzlich und ehrfürchtig, so dankbar und liebevoll,
mit so viel Glauben, Hoffnung und Liebe möchte ich dich
heute aufnehmen, wie dich deine Mutter Maria ersehnt hat,
als ihr der Engel deine Menschwerdung verkündete
und sie demütig und bejahend antwortete:
«Ich bin die Magd des Herrn; mir geschehe,
wie du es gesagt hast.»

Maria singt: Meine Seele preist die Größe des Herrn

Im Jahr meiner Priesterweihe versammelten sich die Weihekandidaten zu Exerzitien. Es waren verinnerlichte und von Gottes Heiligem Geist erfüllte Tage, die das Glaubensfundament stärkten und uns zutiefst auf unsere Aufgaben als Priester vorbereiteten. Die Jünger- und die Priesterberufung, wie auch die Sakramente nahmen einen zentralen Platz ein. Am letzten Tag der Exerzitien stand Maria im Mittelpunkt der Vorträge und Betrachtungen. Dazu hatte ich eine Frage, die mir bisher niemand, auch nicht die exegetische Literatur, beantworten konnte. Ich stellte sie dem Exerzitienleiter und hatte das Gefühl, dass er sie aus seinem Herzen heraus beantwortete. Es ging um das Magnifikat, das wir täglich am Spätnachmittag oder Abend am Ende der Vesper beten oder singen. Ich wollte gern wissen, warum dieser wunderbare Lobgesang Marias gerade in dem Augenblick aus ihr hervorbricht, als Maria ihrer Verwandten Elisabet begegnet und diese – erfüllt vom Heiligen Geist – Maria anspricht.

Zwischen der Verheißung der Geburt Jesu und dem Besuch Marias bei Elisabet besteht ein enger Zusammenhang. Wir dürfen gewiss sein, dass das uns Berichtete die Tiefenwirklichkeit von wahrhaft Geschehenem zur Sprache bringt. Das, was übermittelt wird, ist vor allem heilswirksam und weitaus wichtiger als eine rein historische Wiedergabe des Geschehenen. Bevor Maria ihr Einverständnis zu dem gibt, was Gott ihr durch den Engel Gabriel sagen lässt, gibt der Engel ihr einen Hinweis auf Elisabet: *Auch Elisabet, deine Verwandte, hat noch in ihrem Alter einen Sohn empfangen; obwohl sie als unfruchtbar galt, ist sie jetzt schon im sechsten Monat. Denn für Gott ist nichts unmöglich* (Lukas 1,36–37).

Maria wird nicht nur eingeweiht in den Zustand, in dem sich ihre Verwandte befindet, sondern sie versteht auch diesen Hinweis. Mit diesem Wort Gottes wird ihr ein Zeichen geschenkt, mit dem sie versteht, richtig umzugehen. Den Hirten muss eigens durch den Engel des Herrn das Zeichen gedeutet werden: *Und das soll euch als Zeichen dienen: Ihr werdet ein Kind finden, das, in Windeln gewickelt, in einer Krippe liegt* (Lukas 2,12). Maria dagegen braucht der Engel nicht eigens zu sagen, dass sie ein Zeichen empfängt, um Elisabet aufzusuchen. Für Maria genügt es, dass der Engel sie auf den Zustand Elisabets hinweist. Sie versteht dieses Zeichen als einen Bogen, den Gott schlägt zwischen dem, was er ihr durch den Engel verkündet und dem, was sich mit Elisabet ereignet. Wenn Gott es für notwendig und gut erachtet, sie in diesen Tatbestand einzuweihen, dann hat er etwas ganz Besonderes vor.

Ein Zeichen dient dazu, dass man es wahrnimmt – nicht nur durch den Verstand, sondern der ganze Mensch muss leibhaftig daran beteiligt sein. Wahrnehmen heißt: etwas vom Wahren nehmen. Maria weiß sich durch den Hinweis auf Elisabet gedrängt, ihre Verwandte aufzusuchen. Dies geschieht sicherlich nicht, weil sie denkt, die alte Frau brauche sie und sie müsse ihr helfen; sie weiß, dass Elisabet und ihr Mann Zacharias Verwandte, Nachbarn und Freunde haben, die ihnen zur Hand gehen. Bei der Geburt des Johannes erfahren wir davon (vgl. Lukas 1,58). In Details ist Maria nicht eingeweiht und daher weiß sie auch nicht, dass sich Elisabet verborgen hält. Bald nachdem Zacharias vom Tempeldienst nach Hause zurückgekehrt war, *empfing seine Frau Elisabet einen Sohn und lebte fünf Monate lang zurückgezogen* (Lukas 1,24). Der Engel, der dem Zacharias am Rauchopferaltar verkündete, dass sein Gebet erhört ist und seine Frau einen Sohn empfangen wird, der den Namen Johannes tragen solle, löste bei Zacharias eine solche Furcht aus, dass er fortan stumm war. Elisabet wusste sich einbezogen in die Stummheit ihres Mannes, denn wenn er dem Volk nicht mit Worten sagen durfte, was ihm verkündet worden war, dann durfte sie es nicht mit dem Zustand ihres Leibes. Daher ist es erst recht für sie wichtig, sich verborgen zu halten, damit nicht jeder sieht, wie es um sie steht. Das ist der Hintergrund, um zu verstehen, warum Maria tatsächlich bei Elisabet und Zacharias bleibt – was sie vorher sicherlich nicht plante.

Einige Tage nachdem der Engel Gabriel Maria verlassen hatte, *machte sie sich auf den Weg und eilte in eine Stadt im Bergland von Judäa* (Lukas 1,39). Wie kann man sich diesen Aufbruch vorstellen? Damals wurde ein Mädchen mit vierzehn Jahren schon verlobt und spätestens mit sechzehn Jahren verheiratet. Maria wird sechzehn Jahre alt gewesen sein. Da sie noch nicht mit Josef in einer Ehe zusammenlebt, ist sie noch an ihre Familie und an ihre Sippe gebunden, das heißt, sie ist weder selbstständig noch mündig. Daher muss Maria, um eine so weite Reise nach Jerusalem unternehmen zu können, von ihrem Familienverbund Vertrauen fordern.

Man wird Maria als vertrauenswürdig und absolut zuverlässig erfahren haben. Trotzdem ist es für sie nicht einfach, die Erlaubnis für ihren Aufbruch zu bekommen, ohne etwas vom eigentlichen Grund dieses Aufbruchs zu sagen. Aus der Botschaft des Engels geht nicht hervor, dass sie etwas weitersagen darf. Je tiefer ein Geheimnis der Gnade ist, umso tiefer ist der Begnadete gedrängt, es im Verborgenen zu belassen. Jemand, der nicht auf der gleichen Ebene lebt, würde eine solche Botschaft, wie sie Maria empfangen hat, missverstehen, und Marias Offenheit würde nur Gelächter hervorrufen.

Marias Ziel ist En Kerem («Quelle des Weinbergs»), ein Ort auf einem Hügel in der Nähe Jerusalems. Da Zacharias Priester ist, musste er sich in der Nähe des Tempels von Jerusalem ansiedeln. So sagt Maria zu ihrer Familie, dass sie nach Jerusalem zum Tempel aufbrechen will. In ihrer Bitte, die von Gott kommt, liegt eine heilige Kraft, die ihre Verwandten überzeugt, sodass sie gehen darf. Das Wesen Marias ist seit der Verkündigung ganz durchdrungen von Gottes Geist. Aber die dreitägige Reise von Nazaret nach Jerusalem allein zu unternehmen, ist für Maria unmöglich. Da von allen Landstrichen Israels aus Wallfahrten zum Tempel nach Jerusalem stattfinden, schließt sich Maria wahrscheinlich einer Frauengruppe an, die eine solche Pilgerreise unternimmt. Dass sie dies eilends tut, ist ein Hinweis auf den drängenden Geist.

Es ist auch für uns wichtig, sofort und sogleich das zu tun, was der Geist uns nahelegt. Wenn der Geist Gottes uns wahrhaftig innerlich bewegt, dann schenkt er uns auch die Kraft, das ihm Gemäße zu tun. Man muss die Segel setzen, wenn der Wind weht, sonst tritt wieder Windstille ein und nichts passiert. Wenn man erst lange wartet und andere Gesichtspunkte erwägt als die, die uns Gott gibt, wenn man seiner eigenen Ängstlichkeit Raum gibt und darauf hört, was die Leute sagen, dann wird der Schwung erlahmen und vor lauter Bedenken wird man das Rechte nicht tun. Wenn man dagegen den inneren Anruf gleich umsetzt, wird man es auch voll Freude tun mit einem Schwung, der andere unter Umständen mitreißt. Etwas Überzeugendes drückt sich aus in der Art und Weise wie wir vorgehen; unsere Augen und unsere Worte spiegeln es wider. Nehmen wir den göttlichen Impuls gleich und gern an, indem wir ihn uns ganz durchdringen lassen, wird er uns weiter tragen.

Maria setzt sich durch, und das ist wiederum ein Hinweis auf etwas Wichtiges: Wenn Gott etwas von uns will und wir diesen Schwung, den der Wille Gottes mit sich bringt, in uns aufnehmen, werden wir auch die innere Kraft haben, Menschen umzustimmen. Wenn jemand so ist wie Maria, das heißt, vertrauenswürdig, für alle da, mit einem offenen Blick und einem reinen Herzen, dann darf und kann derjenige auch einmal etwas erbitten, ohne Gründe zu nennen. Man schlägt es ihm nicht ab.

Voll Freude geht Maria den Weg mit der Frauenpilgergruppe nach Judäa, drei Tagesreisen weit, und sie übernachten in Herbergen. Im Tempel von Jerusalem lösen die Frauen ihre Gelübde ein und bringen Opfer dar, während Maria weiterzieht nach En Kerem, dem kleinen Ort bei Jerusalem, in dem ihre Verwandten Elisabet und Zacharias wohnen. Sie besitzen ein kleines Haus, umgeben mit einer

Mauer, die von einer Pforte unterbrochen wird. Mit einem Klopfer aus Erz oder Stein bittet man um Einlass. Die Tür wird immer nur von einem Mann geöffnet. Man gelangt zuerst in einen kleinen Hof, in dem in der Regel ein Tisch und Sitzgelegenheiten stehen. Der Hausherr unterhält sich mit dem Gast über den Zweck und das Ziel seines Kommens. Vieles spielt sich im Vorhof des Hauses ab, denn es wird durchaus nicht jeder in das Innere des Hauses eingelassen – ausgenommen nahe Verwandte und Vertraute.

So oder auf ähnliche Weise tritt Maria ein in das Haus des Zacharias. Der Evangelist Lukas gebraucht hier das gleiche Wort wie bei der Verheißung der Geburt Jesu durch den Engel: *Der Engel trat bei ihr ein.* Zum Besuch Marias bei Elisabet heißt es dagegen nicht: Sie trat bei Zacharias ein, sondern: Maria trat in das Haus des Zacharias ein. Das ist ein Hinweis auf den Engel Gabriel, der nicht in ein Haus eintritt wie ein Mensch, sondern dem Menschen, zu dem er geschickt wird, innerlich einleuchtet und ihm bewusst wird. Der Engel repräsentiert den Geist Gottes.

Zacharias, der Maria die Tür öffnet, erfährt zu seinem Erstaunen, dass Maria in den Zustand seiner Frau eingeweiht ist, die noch in ihrem hohen Alter einen Sohn erwartet und sich im sechsten Monat befindet. Für Zacharias ist die Kenntnis Marias unbegreiflich, da seine Frau und er sich seit Monaten zurückgezogen haben und niemand von der Schwangerschaft Elisabets weiß. Gott gab Maria durch den Engel Gabriel ein Zeichen, das sie wahrnehmen muss, ohne zu wissen, dass Elisabet sich verborgen hält. Schrittweise – ohne die Gesamtzusammenhänge gleich zu erkennen – wird Maria durch den Heiligen Geist in das Geheimnis Gottes eingeführt. Nach und nach sieht und erkennt sie, was ihr dieses Zeichen von Gott sagt. Maria ist nicht zu Elisabet aufgebrochen, um ihr zu helfen. Sie fasst erst den Entschluss, bei ihr zu bleiben und ihr zur Hand zu gehen, als sie sieht, wie Elisabet sich zurückgezogen hat und dringend der Hilfe bedarf.

Es geht weiter und weiter, wenn wir uns Schritt für Schritt wie Maria führen lassen. Wir sollten nicht auf eine Engelerscheinung warten, wenn Gott uns Konkretes in den Blick stellt und uns anbietet, es wahrzunehmen. Er führt uns einen geheimnisvollen, aber wunderbaren Weg, den wir vorerst noch nicht klar erkennen. Verlassen wir uns aber auf die Führung Gottes, wird alles in unserem Leben so folgerichtig weitergehen, wie Gott es will.

Als Zacharias erkennt, dass Maria in das Wesentliche eingeweiht ist, hebt er die Verborgenheit seiner Frau auf. Jetzt setzt Maria als Mensch den Engelsgruß fort und tritt bei Elisabet ein: «Schalom» – «Friede». *Als Elisabet den Gruß Marias hörte, hüpfte das Kind in ihrem Leib. Da wurde Elisabet vom Heiligen Geist erfüllt* (Lukas 1,41). Der Gruß dringt in ihr Ohr, in ihre gesamte Leibhaftigkeit und dann in ihr innerstes Herz. Was der österliche Christus seinen kommenden Boten, den 72 Jüngern, als Friedensvollmacht mit in die Welt gibt, das hat Maria bereits empfangen. Sie ist erfüllt von Gott, und das drückt sich jetzt in ihrer Stimme aus, sodass ein Frohlocken des Kindes im Schoß Elisabets geschieht und diese selbst vom Heiligen Geist erfüllt wird. Ein Mensch, Maria, die den Frieden in sich hat, darf diesen göttlichen Frieden weitergeben. Ihre Stimme hat österliche Kraft und sie vibriert von Gott. Elisabet spürt, wie auf diesen Gruß hin sich das Kind in ihrem Leib bewegt, und deutet diese Bewegung als einen Gottesjubel, als ein Aufhüpfen, das von einer Freude stammt, die aus Gott ist. Es scheint, als ob die Seele des Kindes schon jetzt in dieser vorgeburtlichen Phase vom Geist Gottes erreicht worden ist, von einer Kraft, die nicht im Menschen selbst ist.

Elisabet, erfüllt von Heiligem Geist, offenbart jetzt das Zeichen, auf das hin Maria zu ihr gekommen ist. Sie rief mit lauter Stimme: *Gesegnet bist du mehr als alle anderen Frauen, und gesegnet ist die Frucht deines Leibes. Wer bin ich, dass die Mutter meines Herrn zu mir kommt?* (Lukas 1,42–43). Elisabet begrüßt Maria als die Mutter ihres Herrn. Den Gruß des Engels *Sei gegrüßt, du Begnadete, der Herr ist mit dir* (Lukas 1,28) setzt jetzt Elisabet fort, indem sie von der Frucht ihres Schoßes spricht und Maria die Mutter ihres Herrn nennt. In diesem Augenblick erfährt Maria durch Elisabet: Die Menschwerdung hat begonnen.

Der Engel hat Maria verkündet: Der Heilige Geist wird über dich kommen, und die Kraft des Höchsten wird dich überschatten (Lukas 1,35). Da der Engel ihr nichts von einem Zeitpunkt gesagt hat, darf man annehmen, dass Maria nicht gewusst hat, wann die Menschwerdung beginnt. Offenbar war dies ein Mitgrund, aus dem Maria von Gott zu Elisabet geschickt wird, dass jetzt ein Mensch, Elisabet, ihr sagt: «Du bist schon die Mutter des Herrn.» Von daher ist es zu verstehen, dass der Lobgesang Marias, das Magnifikat, jetzt erst aus ihr hervorströmt. Maria setzt den Lobgesang fort, den Elisabet mit den Worten begonnen hat: *Gesegnet bist du mehr als alle anderen Frauen, und gesegnet ist die Frucht deines Leibes. Wer bin ich, dass die Mutter meines Herrn zu mir kommt?* (Lukas 1,42f.)

Meine Seele preist die Größe des Herrn,
und mein Geist jubelt über Gott, meinen Retter.
Denn auf die Niedrigkeit seiner Magd hat er geschaut.
Siehe, von nun an preisen mich selig alle Geschlechter.
Denn der Mächtige hat Großes an mir getan
und sein Name ist heilig.
Er erbarmt sich von Geschlecht zu Geschlecht
über alle, die ihn fürchten.
Er vollbringt mit seinem Arm machtvolle Taten:
Er zerstreut, die im Herzen voll Hochmut sind;
er stürzt die Mächtigen vom Thron
und erhöht die Niedrigen.
Die Hungernden beschenkt er mit seinen Gaben
und lässt die Reichen leer ausgehen.
Er nimmt sich seines Knechtes Israel an
und denkt an sein Erbarmen,
das er unseren Vätern verheißen hat,
Abraham und seinen Nachkommen auf ewig.
(Lukas 1,46–55)

Zweimal hören wir vom Evangelisten, dass das Kind im Schoß Elisabets, als sie den Gruß Marias in sich aufnahm, vor Freude hüpfte. Das Kind, den kleinen Johannes, der sich vor Freude im Mutterschoß bewegt, kann man mit einem Gefangenen vergleichen, der noch ganz im Dunkel eingeschlossen ist. Als er auf einmal die Stimme seines Freundes hört, beginnt er, von innen Klopfzeichen zu geben, denn er weiß, dass seine Befreiung naht.

Johannes der Täufer ist Repräsentant Israels, des Volkes, das von Gott am Sinai die Tora empfangen hat. Das Gesetz hat die Aufgabe, das Volk in der Anbetung des wahren Gottes zu bewahren und den Bezug zum wirklichen Gott herzustellen. Die Gabe der Tora ist jedoch auf die messianische Zeit ausgerichtet. In einer kleinen Zahl von Gläubigen vollzieht sich das Warten auf den Messias. Johannes der Täufer, der Vorläufer Jesu: Ihm ist dieses Warten in besonderer Weise aufgetragen. Das Klopfen und das Sich-Bewegen im Schoß der Mutter spiegelt das Bild von jemandem wider, der in Gewahrsam gehalten wird und jetzt den hört, der bald in diese Welt eintritt und die Türen öffnet. Er weiß, dass dann eine neue Phase der Befreiung und Erlösung beginnt. Das ungeborene, aber durchaus schon geisterfüllte Kind Johannes nimmt den Messias prophetisch wahr. Johannes und der Messias werden in ihrer gegenseitigen Beziehung durch die Begegnung der Mütter dargestellt. Die vom Heiligen Geist gewirkte Deutung Elisabets erkennt nicht nur die Schwangerschaft Marias, sondern auch die Messianität ihres Kindes.

In dem Augenblick, als ich deinen Gruß hörte, hüpfte das Kind vor Freude in meinem Leib. Selig ist die, die geglaubt hat, dass sich erfüllt, was der Herr ihr sagen ließ (Lukas 1,44–45). Diese Preisung Elisabets bringt zur Sprache, was wir als ganz wesentlich für unser Verhältnis zu Gott erkennen: den Glauben. Der Glaube ist die Grundlage von Marias Leben, wie er auch die Grundlage unseres Lebens ist. Maria hat als Erste den Jubelruf, den Lobpreis Gottes, in ihrem Magnifikat aufgegriffen, in das wir immer wieder einstimmen.

Als Maria sieht, dass Elisabet niemanden hat, der sie in ihrem Alter und besonders in ihrem Zustand umsorgt, entschließt sie sich, bei ihr zu bleiben. Welch großes Risiko liegt für sie darin, jetzt drei Monate in der Ferne in Judäa zu bleiben! Sie weiß, was das bedeutet, wenn sie nach Hause zurückkehren wird: Sie wird im vierten Monat schwanger sein. Doch sie ängstigt sich nicht, sondern erkennt, was Gott von ihr will. Ihr genügt jeweils der nächste Schritt.

Sollte nicht auch uns der jeweils nächste Schritt genügen, gerade da, wo wir noch keine Übersicht haben? Wenn Gott uns etwas nahelegt, dann weiß er auch weiter und führt uns einen bestimmten Weg. Zum gläubigen Vertrauen eines Christen gehört es, dass er auch einmal auf Übersicht verzichtet und den jeweils nächsten Schritt mutig tut, den Gott ihm nahelegt. Wenn wir jedoch immer auf Übersicht bestehen, entzieht sich uns das strahlende und überwältigende Licht des Glaubens.

Bei Elisabet bleiben zu dürfen ist für Maria eine große Gnade. Wenn ein Mensch wie Maria ersehen ist, Mutter des Messias zu werden – von Elisabet erfuhr sie, dass diese Wirklichkeit begonnen hat –, braucht er als Erstes Stille und ruhige Zurückgezogenheit. Wäre Maria bei ihrer Sippe in Nazaret und bei den vielen eng denkenden Menschen geblieben, wäre sie «verbraucht» worden. Sie hätte nicht einmal die Möglichkeit gehabt, zu bedenken, was gerade erst einen Anfang nahm. Maria ist jedoch zu zwei Menschen geschickt worden, die wie sie selbst in einer messianischen Ausrichtung leben. Zacharias wurde gesagt, dass Johannes, den seine Frau erwartet, der sein wird, der dem Messias vorausgeht.

Welch wunderbaren Austausch und welch gegenseitige Rücksicht können die beiden Frauen in der stillen Zurückgezogenheit pflegen. Wie viel Rat erhält das junge Mädchen Maria von dieser weisen älteren Frau. Der dreimonatige Aufenthalt in En Kerem bedeutet für Maria so etwas wie Exerzitien nach diesem wunderbaren Geschehen der beginnenden Menschwerdung.

Und Maria blieb etwa drei Monate bei ihr; dann kehrte sie nach Hause zurück (Lukas 1,56). Bis kurz vor der Geburt des Johannes bleibt Maria bei Elisabet und Zacharias. Als er geboren wird, ist sie schon nach Hause zurückgekehrt. Die Nachbarn und Verwandten von Elisabet stehen ihr bei der Geburt bei. Marias Name wird nicht genannt (vgl. Lukas 1,57–58). In Nazaret wird es jetzt für Maria so sein, dass sich zunächst einmal alles gegen sie zusammenzieht. Man lässt sie am Dorfbrunnen stehen und tuschelt hinter ihrem Rücken. Man wird das, was man an ihr beobachtet, sofort Josef, ihrem Verlobten, hinterbringen. Über ihn kommt die Nacht. Da er aber gerecht ist – so heißt es in der Schrift von ihm –, beschließt er, Maria zu schützen und nicht das zu tun, was seine Sippe ihm nahelegt: sie der Schande preiszugeben.

Dieser gerechte Mann, Josef, der Schweigende, der Noach ähnelt, sieht, dass Maria dieselbe ist, die sie war. Menschen wie Josef haben einen Blick für den anderen. Doch fragt er sich: «Es kann nicht sein, dass da etwas geschah, was alles zerstört. Aber was ist nur geschehen?» Doch dann bekommt er, wie Maria, die Auskunft: *Während er noch darüber nachdachte, erschien ihm ein Engel des Herrn im Traum und sagte: Josef, Sohn Davids, fürchte dich nicht, Maria als deine Frau zu dir zu nehmen; denn das Kind, das sie erwartet, ist vom Heiligen Geist* (Matthäus 1,20).

Gott, der mächtige und allmächtige Gott, muss nicht so handeln wie Menschen es sich vorstellen und es sich denken: immer nach dem gleichen Schema und in der gleichen

Konsequenz. Gott ist in allem frei und kann das Bisher seiner Schöpfung überbieten. Er kann das tun, was er an Maria getan hat: Er kann sie, vom Heiligen Geist überschattet, Mutter werden lassen. *Denn für Gott ist nichts unmöglich* (Lukas 1,37).

Maria und Josef

Als Priester bin ich immer wieder Menschen begegnet, die im Laufe ihres Lebens sprachlos geworden sind. Dies ist allerdings kein erfülltes Schweigen, so wie wir es erleben dürfen, wenn sich Gott durch uns oder andere Menschen oder gar durch die Natur offenbart. Ich erfahre Menschen, die nichts mehr zu sagen haben und verstummt sind. Sie sind durch andere Menschen oder sogar durch die Kirche verletzt, sie werden von ihren Mitmenschen lieblos behandelt, leiden unter körperlichen oder seelischen Schmerzen und sehen keinen Sinn mehr in ihrem Leben. Sie sind enttäuscht, und Gott kommt nicht mehr bei ihnen vor – sie sind vor Gott verstummt. Verdichtet bringt Hans Magnus Enzensberger dieses schlimme Verstummen zum Ausdruck: «Verstummt / wir können nicht klagen. / … wir können nicht klagen. / worauf warten wir noch?»

Ein Detail aus den beiden Bronzetüren (1015) von Bischof Bernward am Hauptportal des Hildesheimer Mariendomes kann vermitteln, was notwendig ist, um neu zu empfangen und weiterzuschenken: das vollplastische Relief «Josef mit dem Taubenopfer». Josef ist ganz zur Hingabe geworden, zur Hingabe an Gott, den Allmächtigen, den Schöpfer des Himmels und der Erde. In seinen vorgestreckten Händen hält Josef ganz behutsam die Taube, die er zum Opfer darbringt. Sein Gesicht macht einen gesammelten und verinnerlichten Eindruck. Die ausgestreckten Arme und Hände sowie das Köpfchen der Taube weisen in einer leichten Bewegung nach oben. Josefs niedergeschlagene Augen schauen auf die Taube, die von seinen Händen so liebevoll umschlossen wird. In seiner Armut steht Josef hingebend vor Gott – ohne auf- oder umherzuschauen. Wie sein eigenes Herz trägt er die Taube zum Altar Gottes. Diese verinnerlichte Geste ist ein Zeichen tiefster Hingabe an Gott – wie man sie nur selten in einem Bild dargestellt sieht. Unweigerlich gehen die Gedanken und Vorstellungen zu Christus, der für alle Menschen zum Opfer der Liebe wurde.

Dann kam für sie der Tag der vom Gesetz des Mose vorgeschriebenen Reinigung. Sie brachten das Kind nach Jerusalem hinauf, um es dem Herrn zu weihen, gemäß dem Gesetz des Herrn, in dem es heißt: Jede männliche Erstgeburt soll dem Herrn geweiht sein. Auch wollten sie ihr Opfer darbringen, wie es das Gesetz des Herrn vorschreibt: ein Paar Turteltauben oder zwei junge Tauben (Lukas 2,22–24).

Das Verstummen vor Gott durchzieht wie eine schwere Krankheit das Herz und die Seele vieler Menschen. Das Bild des vertrauenden und sich selbst hingebenden Josef wie auch seine gesamte Existenz zeigen, wie es möglich ist, mit Gott in eine tiefe Beziehung zu treten, ohne unsere Armut verstecken zu müssen. Praktisch nachvollziehbar ist diese Hingabe im Ruhegebet, das keine Leistung und kein Tun erfordert, sondern uns auf einfache Weise bereitet für das liebende Entgegenkommen Gottes. Vielen Menschen fällt es schwer, ihre Hände zu öffnen und damit alles aus der Hand zu legen – auch die aufkommenden Gedanken,

Bilder und Gefühle –, um ganz offen und empfangsbereit zu sein für die Gabe Gottes. Hingabe schafft Rettung.

Diese Gebärde und der damit verbundene innere Vollzug der Hingabe kommen bereits im 5. Buch Mose zur Sprache. Nach dem dortigen wunderbaren Glaubensbekenntnis, das zu den ältesten gehört, folgt der Hinweis: *Wenn du den Korb vor den Herrn, deinen Gott, gestellt hast, sollst du dich vor dem Herrn, deinem Gott, niederwerfen. Dann sollst du fröhlich sein und dich freuen über alles Gute, das der Herr, dein Gott, dir und deiner Familie gegeben hat* (Deuteronomium 26,10b–11).

Der Beter bringt den Korb mit den Erstlingsgaben vor den Herrn und opfert sie damit Gott, dem Allmächtigen, der das auserwählte Volk aus der Hand und der Sklaverei der Ägypter befreit hat. Aus Dank für die Befreiung werden die Erstlingsgaben, die das neue und gelobte Land hervorbringt, dem Herrn hingegeben und geopfert. Der Beter wirft sich vor Gott anerkennend und dankend nieder und macht sich somit demütig bereit, Gottes Auftrag zu hören und ihn auszuführen. Die Gebärde des sich Niederwerfens bedeutet, sich Gott ganz hinzugeben: Jetzt lasse ich mich in ihn hineinfallen. In dieser völligen Hingabe sehen wir uns durch die Liebeserklärung Gottes bestätigt, die durch die gesamte Offenbarung hindurchgeht und uns fast auf jeder Seite der Bibel entgegenkommt.

Nachvollziehbar und erfahrbar geschieht das Gleiche – sich täglich wiederholend – im Ruhegebet. Der Betende tritt schweigend vor Gott und legt den Ertrag seines Lebens ihm zu Füßen – das sind all seine Taten, Worte, Gedanken und Gefühle. Der Herr nimmt diese Gaben an und schenkt sie uns, um unseren Lebensauftrag in seinem

Sinne zu vollziehen, verwandelt zurück. Voraussetzung ist, dass wir leer werden, das heißt, in Gott hineinsterben, um durch ihn und mit ihm und in ihm zu neuem Leben auferweckt zu werden. Ebenso möge auch deine Familie dieses Gebet der Hingabe vollziehen, damit alle das Gute aus Gottes Hand annehmen und darüber sich herzlich freuen können.

Ein wunderbarer Dank entsteht gegenüber dem Herrn, der uns – wie aus der Sklaverei durch die Ägypter – von unserer Last, den Sorgen, der Bedrängnis und von allem Dunklen und Schweren befreit. Wenn ich mich ihm, meinem und unserem Gott, hingebend und anbetend zuwende und mich ihm verdanke, wird er mich in eine ungeahnte Freiheit und Freude führen. Mit der Erstlingsgabe gibt der Betende sich selbst: seine Vergangenheit und seine Gegenwart mit allem, was ihm lieb geworden ist. Auch unsere Zukunft – das ist im Bild der erstgeborene Sohn – sollten wir in die Hand Gottes legen und uns vertrauend auf ihn verlassen.

In der «Nachfolge Christi» von Thomas von Kempen steht das unerhört dichte Wort: «Gib das Ganze für das Ganze». Ich kann mich fragen, ob ich den Anspruch und den Zuspruch dieses Wortes für möglich und für wahr halte. Der Anspruch besteht darin, mich im Gebet und später einmal für immer ganz Gott hinzugeben. Im Ruhegebet wird diese Ganzhingabe an Gott in kleinen Schritten eingeübt. Die reifsten Gebete großer Beter, zu denen das Ruhe- oder innere Gebet gehört, münden alle in schweigender Hingabe: «Vater, ich überlasse mich dir.» Auf dieses Ziel hin sind wir alle unterwegs und sollten nicht müde werden, das Gebet der Hingabe an die erste Stelle unseres Betens zu setzen. Es geht darum, mich Gott zu lassen, mich ganz mit Gott einzulassen und mich vertrauend auf ihn zu verlassen. Ein regelmäßiges Beten ist notwendig, da sonst die Gefahr besteht, dass wir immer etwas von dem Ganzen nehmen und es für uns selbst behalten. Im geistlichen Tagebuch eines Kardinals – seinen Namen habe ich vergessen – las ich: «Man hat sich nicht hingegeben, man gibt sich hin. Sich hinzugeben ist das Werk eines jeden Tages, es beginnt jeden Tag von neuem.» Keiner kann sagen, dass er sich hingegeben und Gott gelassen habe in dem Sinne, dass es ein für alle Mal vollzogen sei. Die Hingabe beginnt jeden Tag von Neuem. Keiner von uns ahnt auch nur im Geringsten, was Gott aus ihm machen wird, wenn wir uns zunächst im Gebet und dann einmal für immer ihm überlassen.

Josef von Nazaret, von dem wir ausgegangen sind, wird auf seinem Glaubensweg zu einem Hingebenden. Der Weg, den er geht, ist kein leichter, kein schön gebahnter Weg, der in der Richtung seiner Neigungen liegt, sondern ein abenteuerlicher Weg, der immer neu ein Wagnis verlangt. Aus den Evangelien wissen wir wenig über Josef, da er in den Hintergrund tritt. Doch erhält er einen ganz besonderen Auftrag in der Heilsgeschichte. Josef wird zu einem Werkzeug für die Erfüllung der Verheißung Gottes: Gott vertraut ihm, dem Vertrauenswürdigen, seinen Sohn an. Es ist ergreifend zu sehen, wie sich der stille und gerechte Josef ins Unbegreifliche schickt. Josef von Nazaret wird oft verglichen mit dem Abraham des Alten Bundes, mit dem Vater des Glaubens. Abraham ließ sich von Gott rufen und zog hinaus in ein Land, das er nicht kannte. Schritt für Schritt ließ er sich von Gott führen und bekam dabei einen solchen Glauben geschenkt, dass er bereit war, seinen Sohn, auf dem die gesamte Verheißung ruhte, Gott darzubringen. Abraham ließ sich aus allem Bisher herausrufen und war bereit, das Liebste hinzugeben. Wenn Gott uns etwas nimmt – und sei es das Allerliebste –, so wird er es uns gewandelt wiedergeben, vielleicht schon in dieser Welt und Zeit.

Josef ist mit Maria verlobt, das bedeutet, sie sind auf dem für sie verbindlichen Weg zur Ehe. Das jüdische Verlöbnis ist der Beginn der Eheschließung und schafft zwischen Partnern rechtliche Verhältnisse. Daher kann Josef bereits Marias Mann und Maria Josefs Frau genannt werden. Ein Jahr lang lebt die Frau noch im Haus der Eltern, bis die Heimholung oder Eheschließung erfolgt. Bei allem Geschehen stehen vornehmlich Maria und die Gottesgeburt im Mittelpunkt, während Josef in den Hintergrund tritt. Hier soll es einmal umgekehrt sein, sodass alles von seinem Standpunkt aus betrachtet werden soll: seine Bestürzung, sein Sorgen und Grübeln, Zweifeln und Schwanken, sein Glaube und sein Vertrauen.

Auf meinem Weg zum Priestertum gab es viele Hindernisse, die mich zeitweise schwer belasteten. Mein verehrter geistlicher Lehrer Johannes Bours schrieb mir auf einer Postkarte, die den heiligen Josef abbildet:

«Können Sie nicht versuchen, unbeirrt Ihren Weg zu gehen, unbekümmert um die bösen Stimmen rechts und links vom Weg? Ich möchte Ihnen etwas wünschen von diesem Josef auf dem Bild, dem schweigsamen, der vertrauend mit seinem Wanderstab den Weg geht, den Gott ihm weist. Auch Jesus hat es gekannt: *Er aber schritt mitten durch die Menge hindurch und ging weg* (Lukas 4,30).»

Josef hat den Blick eines Menschen, der nicht nur äußere Dinge und Fassaden sieht, sondern er sieht wesentlich tiefer und weitaus mehr. Es stellt sich jetzt die Frage, wie Maria ihm begegnet. Ihre Augen sind völlig klar und nichts ist in ihnen, das sie etwa nötigen würde, von Josef wegzugehen und den Blick zu senken. In ihrem reinen und klaren Blick liegt kein Absehen von ihm. Maria ist zwar dieselbe, die sie immer war, doch sie ist von einem Geheimnis umgeben, das das Gegenteil von Verachtung fordert. Die Hoheit in ihrem Verhalten und in ihrem Wesen führt bei Josef zu einem einzigen Fragen. Er kann sie nicht verurteilen; er kann angesichts ihres Wesens und dessen, was von ihr ausgeht, nicht denken, dass es sich so zugetragen hat, wie man sie verdächtigt.

Doch dann stellt sich bei ihm die Frage: «Wie kann es denn anders gewesen sein?» In welcher Not befindet sich dieser Mann, bis er sich vornimmt, sich heimlich von Maria zu trennen, nachdem er sie dorthin gebracht hat, wo sie geschützt ist. Damit möchte Josef den «Fehltritt» Marias zudecken und nicht aufdecken. Sein Verhalten steht im Gegensatz zu dem vieler Menschen, die gern alles Persönliche eines anderen sofort an die Öffentlichkeit ziehen. Auf Ehebruch steht die Strafe der Steinigung, mit der dann eine öffentliche Entehrung verbunden ist. Josef ist fest entschlossen, sie davor zu bewahren. Während er mit diesen Gedanken umgeht, bekommt er in die Tiefe seines Traumes die Mitteilung durch einen Engel Gottes, sich nicht zu fürchten und Maria als seine Frau zu sich zu nehmen. Josef erfährt durch den Engel, dass das Leben, das in Maria entstanden ist, Leben aus Heiligem Geist ist.

Vielen Menschen fällt es schwer anzunehmen, dass

Leben aus Heiligem Geist strömen kann, weil dies gegen die Gesetze der Biologie und Physik geschieht. Wir alle verdanken uns Gott, dem Schöpfer der Welt, und dem liebenden Zusammensein unserer Eltern. Doch Gott – und das dürfen wir ihm zutrauen – kann auch in einem einzigen Fall in der gesamten Weltgeschichte anders handeln, sodass aus einer Jungfrau ein Kind geboren wird. Gott wollte, dass ein Sohn, der uns zeigen würde, wer und wie Gott ist und auch, was ein Mensch ist, von einem Menschen geboren wird, der ohne Sünde ist und der ihm nicht ein Erbe mitgibt, das in irgendeiner Weise unvollkommen oder gar geschädigt ist.

Was muss alles in Maria vorgehen, als sie Josef – vor der Traumoffenbarung durch den Engel – in seiner großen inneren Not sieht? Sie kann Josef kein Wort von dem sagen, was durch sie geschehen soll. Hätte sie zu ihm gesagt, dass sie vom Heiligen Geist ein Kind erwartet, hätte Josef sie für irrsinnig erklärt. Ein solch großes Geheimnis kann nur Gott selbst einem Menschen offenbaren. Maria hat das Vertrauen, dass Gott dieses Geheimnis auch Josef in irgendeiner Weise deutlich machen würde, da sie durch Elisabet Ähnliches erfahren hat. Bei der Begegnung der beiden Frauen wurde Elisabet vom Heiligen Geist erfüllt und erkannte Maria als die Mutter des Herrn.

Mit diesem schweigenden Vertrauen behält Maria auch bei Josef recht. Gott prüft Maria, ob sie nicht doch den Ausweg des Redens suchen würde, und er prüft Josef, ob sein Vertrauen auf Gott durchhält. Für ihn als junger Mann – nicht als alter Mann, wie er oft dargestellt wird – ist die von Gott geforderte Glaubensprüfung umso schwerer. Obwohl Josef nicht weiß, wie es weitergeht – er kann es nicht deuten –, beteiligt er sich nicht daran, wenn andere Menschen Maria verurteilen und böse oder zynisch über sie reden. Gott prüft ihn, doch er hält durch in seinem Vertrauen, bis Gott ihm in der Tiefe seines Schlafes erklärende Gewissheit gibt, und Josef stellt sich aus tiefstem Glauben Gott ganz zur Verfügung. Er lebt eine Gerechtigkeit, die nicht ihr Recht auf Kosten eines Menschen einklagt, sondern Verständnis, Liebe und Treue erweist. Josef nimmt Maria zu sich und führt sie als seine Frau ein. Damit ist sie für immer vor ihren Verwandten und Nachbarn geschützt.

Obwohl viel Not in Josef steckt, so siegt doch sein Vertrauen. Es ist nicht leicht, auch da noch zu vertrauen, wo vom Menschlichen her alles dagegenspricht. Was uns Menschen immer wieder trennt, ist das Misstrauen. Es entstehen Gräben, die oft nicht mehr zu überbrücken sind. Man sucht seinem Misstrauen recht zu geben und schaut den anderen auf seine Fehler hin an. Ich darf einen Menschen nicht festlegen auf einen Verdacht, den ich habe, oder auf das Ungute, das es bei ihm gibt. Jesus hat sich ans Kreuz nageln lassen, damit wir nicht jemand anderen auf einen Verdacht hin oder wegen seines Unguten oder Bösen «festnageln». Tun wir es dennoch, nageln wir Jesus damit noch einmal ans Kreuz. Jesus will nicht, dass wir in anderen Menschen nur das Dunkle und Böse sehen und uns entsprechend abweisend verhalten, sondern er möchte, dass wir einander mit guten Augen sehen. Nur so kann die Welt verändert werden. Josef hat Maria mit guten Augen angesehen, obwohl alles gegen sie sprach – und er behielt mit seinen guten Augen recht.

Wie wunderbar – und darin können wir uns einüben –, wenn wir zunächst das Gute im Menschen in den Blick nehmen und ihn gütig ansehen. Oft ist dies schwer, weil uns Menschen enttäuschen. Im anderen ist jedoch immer noch so etwas wie ein Brückenkopfrest, zu dem ein Bogenschlag der Liebe möglich ist. Vieles haben wir gemeinsam, und auf diese Gemeinsamkeit sollte ich setzen, und alles Weitere darf ich Gott überlassen. Wir sind zuerst gehalten und verpflichtet, einen Bogen zum Herzen des anderen zu schlagen – auch dann, wenn wir vorerst noch nicht erkennen, ob wir in diesem oder jenem recht behalten. Da wir unser Leben auf den gekreuzigten und auferstandenen Christus gegründet haben, wissen wir, dass die Liebe recht behalten und in jedem Fall siegen wird.

Maria schenkt uns Weihnachten

Provence: In diesem Landstrich im Südosten Frankreichs gibt es eine Weihnachtssitte, unter die biblisch verbürgten Krippenfiguren eine zusätzliche Gestalt zu stellen, einen Mann, der beide Hände erhoben und den Mund weit geöffnet hat. Man nennt ihn «Ravi». Das französische Wort heißt übersetzt «entzückt». Es ist also jemand, den man einen Entzückten, einen Begeisterten oder Staunenden nennt, der unmittelbar von der Wirklichkeit Gottes ergriffen ist.

Dieser Ravi hält einfach inne und staunt darüber, dass Gott in diesem Kind Mensch geworden ist. Innerlich winkt er uns zu, es ihm gleich zu tun, stehen zu bleiben, uns nach innen zu wenden und über die Menschwerdung Gottes zu staunen. Ein Staunen über das Besondere des christlichen Glaubens, das ihn von allen Religionen unterscheidet: die Botschaft, dass Gott Mensch wird und uns auf diese Weise in seiner unendlichen Liebe entgegenkommt, sich als Kind und am Kreuz uns ausliefert und mit uns in die Passion und den Tod geht. Es ist kein strafender, sondern ein liebender Gott, der jedem von uns seine Liebe schenkt, der uns alle Angst nimmt und das Geheimnis des Glaubens an uns offenbart, indem er uns teilnehmen lässt an seiner Auferstehung. Innehalten und Staunen, die Arme, die Hände, den Mund und das Herz öffnen, um die Liebe Gottes zu empfangen –, das möchte einem jeden von uns der Ravi sagen. Er staunt an der Krippe über dieses Kind, über die Schöpfung Gottes und all die Menschen, die sehr unglücklich waren, jetzt aber wieder aufatmen, weil Glückseligkeit ihr Herz erfüllt. Er staunt über Menschen, die sehr krank waren und jetzt Heilung und Erlösung finden, und darüber, dass jemand nach verzweifeltem, langem Suchen Arbeit gefunden hat. Er staunt, dass sich zwei Menschen getroffen haben, die sich lieben und in ihrer Liebe sich gegenseitig erfüllen und Gott näher bringen. Über das Kind hinaus lässt der Ravi alle Menschen erfahren, dass er begeistert von ihnen ist und sie bewundert, indem er schweigend sagt: «Wie gut, dass du da bist; wie schön, dass es dich gibt!»

Wir, die vielleicht das Staunen verlernt oder gar niemals in unserem Leben gekannt haben, sagen vielleicht zum Ravi: «Aber du tust ja gar nichts und arbeitest nicht!» «Nein», wird er sagen, «wenn das Innewerden des Heiligen mich erfüllt und Christus in aller Wirklichkeit gegenwärtig ist, wird all mein Fühlen, Denken, Sprechen und Tun zur reinen Hingabe an Gott. Diese Hingabe ist Anbetung, in der sich der Mensch aus der Bindung und Versklavung an die Dinge löst und sich schweigend direkt dem Schöpfer zuwendet.»

Der Ravi lehrt uns das demütig-dankbare, sich hingebende Anerkennen Gottes als des Herrn und Schöpfers, Retters und Befreiers. Er staunt und tut all den Menschen, die in ihre Arbeit vielleicht vernarrt sind, einen wunderbaren Dienst, indem er innehält und sie wieder das Staunen lehrt, das unmittelbare Ergriffenwerden von der Wirklichkeit Gottes.

In der provencalischen Weihnachtslegende wird die Gottesmutter gefragt, wer von den vielen, die zur Krippe eilen, ihr die Liebsten seien: die himmlischen Chöre der Engel, die das Gloria singen, die Hirten, die in der Nacht aufbrachen und dem Kind ihre Gaben bringen, die Könige aus dem Morgenland, die den Stern des neugeborenen Königs haben aufgehen sehen, ihm folgten und jetzt an der Krippe Gold, Weihrauch und Myrrhe darreichen.

Maria antwortet: «Von allen, die zur Krippe gekommen sind, um dem göttlichen Kind zu huldigen, sind die Ravis, die staunend von der Menschwerdung Gottes ergriffen sind, mir die Allerliebsten.» Und zu dem vor ihr stehenden und das Kind anbetenden Ravi sagt sie: «Du bist der notwendigste unter allen, die gekommen sind. Wenn es mehr von dir gäbe, wäre das Leid in der Welt nicht mehr so groß; die Welt wäre friedlicher, und mehr Freude würde das Menschenherz erfüllen.»

Das Staunen über die Menschwerdung Gottes ist Anbetung im wahrsten Sinne des Wortes, Anbetung des wahren Gottes und seines erhöhten Sohnes Jesus Christus. In Christus wird immer zugleich Gott selbst angebetet, «zur Ehre Gottes, des Vaters».

Jesus, der der Weg, die Wahrheit und das Leben ist, sendet uns den in die Wahrheit einführenden Geist, sodass wir im Geist und in Wahrheit anbeten.

Staunen, Anbeten und Huldigen geschieht immer in persönlicher Gemeinschaft mit Christus, dem Erhöhten, und mit seinem Geist. Ein solches Gebet führt ganz von selbst in eine tiefe Ruhe, von der Gott am siebten Schöpfungstag spricht und in die er uns einlädt. Dabei vollzieht sich ein Leerwerden für Gott – alles, was nicht zu uns gehört und den Weg zu Gott versperrt, löst sich allmählich auf, sodass wir zu Empfangenden der Gnade und Liebe Gottes werden.

Viele Menschen jedoch wissen nicht, wie sie beten sollen und tun sich mit der Anbetung besonders schwer, da sie eigentlich immer durch eigene Tätigkeiten etwas erreichen möchten. Darauf wollen sie nicht verzichten.

Mein Herr und mein Gott,
nimm alles von mir, was mich hindert zu dir.
Mein Herr und mein Gott,
gib alles mir, was mich fördert zu dir.
Mein Herr und mein Gott,
nimm mich mir und gib mich ganz zu eigen dir.
Nikolaus von Flüe

Nikolaus von Flüe (1417–1487) versteht es, mit nur wenigen Worten das auszudrücken, was das Entscheidende beim Gebet der Hingabe ist: Das eigene Ich wird freigegeben, indem sich der Betende von allen selbstgemachten Zielen löst. Durch Selbsthingabe verlagert sich ganz von selbst das eigene Ich in das Geheimnis des lebendigen Gottes. Im Innehalten und Staunen über die Selbsthingabe Gottes in Liebe an die Welt und in der Anbetung des dreieinigen Gottes wird der Mensch vom Geheimnis des Glaubens berührt, dem Tod und der Auferstehung Jesu Christi. Indem sich das Geheimnis des Glaubens im Menschen offenbart, macht er die Erfahrung eines Heiligtums, das tief in seiner Seele gegründet ist und in dem der Mensch mit Gott allein ist.

Wir würden uns der Welt, wie sie von Gott gedacht ist,

wesentlich mehr nähern, wenn wir des Öfteren die staunende Haltung des Ravis einnähmen, bei der sich alles Bindende allmählich löst und wir unseren Heiland, Retter und Erlöser schweigend anbeten.

Durch Anbetung erfahren wir eine immer größer werdende Ruhe in Gott, die es uns erlaubt, uns tiefer in Gott zu verwurzeln. Gewohnte ungute Verhaltensweisen kehren sich in ihr Gegenteil um, sodass wir zum Beispiel keinem Wesen der Erde mehr Gewalt antun – auch keine geistige und seelische Gewalt, dass wir nicht zwingen, sondern vertrauen.

Vor der Anbetung und der Offenbarung des Heiligtums, dem Ort der Gottesbegegnung in uns, müssen wir das Loslassen und Hingeben üben. In der «Nachfolge Christi» von Thomas von Kempen lesen wir das Wort: «Gib das Ganze für das Ganze.» In unendlicher Liebe zu uns Menschen gibt Gott in seinem an das Kreuz genagelten Sohn Jesus Christus das Ganze. Gott will nicht, dass wir ihm einen Teil, eine bestimmte Abgabe, eine Steuer, entrichten, sondern er möchte von uns Ganzhingabe. Er möchte nicht, dass ich ein Abgebender bin, sondern dass ich zu einem Hingebenden werde. Die reifsten Gebete großer Beter haben alle die gleiche Aussage zum Inhalt: «Vater, ich überlasse mich dir.» So betet Charles de Foucauld (1858–1916):

In deine Hände lege ich meine Seele.
Ich gebe sie dir, mein Gott,
mit der ganzen Liebe meines Herzens,
weil ich dich liebe
und weil diese Liebe mich treibt,
mich dir hinzugeben, mich in deine Hände zu legen,

ohne Maß, mit einem grenzenlosen Vertrauen.
Denn du bist mein Vater.

Auf das hin, was in diesem Gebet steht, sind wir unterwegs. Können wir es jetzt schon lebenswahrhaftig und bis auf den Grund unseres Herzens beten? Oder nehmen wir etwas von dem Ganzen aus, weil wir uns nicht ganz geben und uns nicht ganz auf Gott verlassen können? Wenn wir auch jetzt nur Einzelheiten geben, so muss sich unser Geben doch immer mehr zum Ganzen hin öffnen. Letztlich kann keiner von sich sagen, dass er sich Gott ganz hingegeben hat. Man hat sich nicht hingegeben: Man gibt sich hin. Sich hinzugeben ist der Inhalt eines jeden Ruhegebetes und somit das Werk eines jeden Tages; es beginnt jeden Tag von Neuem.

Ignatius von Loyola sagt: «Keiner von uns ahnt, was Gott aus ihm machen würde, wenn wir uns ihm ganz überließen.» Vielleicht wird uns die völlige Hingabe an Gott erst in unserem Sterben geschenkt, wenn wir dazu die Gnade erhalten und wahrhaft sagen können: Jetzt lasse ich mich fallen! oder: Jetzt gebe ich das Ganze für das Ganze. Nur durch, mit und in Christus, der sich ganz hingegeben hat, wird unser Geben letztlich auch ganz.

Mitten in unserem Leben werden wir immer wieder und manchmal sogar auf die äußerste Probe gestellt, um das zu werden, wofür wir geschaffen sind: Ebenbild Gottes. Abraham ist es durch die Hingabe an Gott geworden. Seinem einzigen Sohn Isaak schenkte er seine ganze Liebe und in ihm erblickte er seine Zukunft. Gott selbst hatte sie ihn in seinem Sohn schauen lassen. Nach anfänglich innerem Ringen gab Abraham im Gehorsam gegen Gott seinen Sohn zum Opfer hin. Doch Gott ließ es nicht zur Verwirklichung eines solchen Opfers kommen. Er wollte Abraham prüfen und ihm die Möglichkeit geben, Gott selbst ähnlich zu werden, denn Gott hat es verwirklicht: Er hat seinen eingeborenen Sohn hingegeben.

Gott ist Liebe, und Liebe kann alles schenken. So wird Gott selbst in seinem Sohn Mensch und gibt am Ende sein ewiges Wort, das Antlitz seiner selbst, für uns Menschen hin.

Denn Gott hat die Welt so sehr geliebt, dass er seinen einzigen Sohn hingab, damit jeder, der an ihn glaubt, nicht zugrunde geht, sondern das ewige Leben hat (Johannes 3,16).

Abraham ist willens, sich Schritt für Schritt von Gott führen zu lassen. Er lässt sich herausrufen aus allem Bisher und zieht in das Land, das Gott ihm zeigt. Dafür bekommt er einen solchen Glauben geschenkt, dass er bereit ist, seinen Sohn, auf dem die ganze Verheißung für Abraham ruht, Gott hinzugeben. Nachdem Abraham sich schrittweise von Gott in das Geheimnis des Glaubens führen ließ, überflutete ihn der Segen Gottes. Wenn wir Gott etwas hingeben, und sei es das Allerliebste, oder Gott nimmt es uns, dürfen wir gewiss sein, dass er es uns gewandelt zurückgibt: vermehrt, unendlich vermehrt und verklärt.

Im Ruhegebet, im Gebet der Hingabe, vollziehen wir eine Opferung. Alles, was wir erhalten, ist letztlich dazu bestimmt, dass wir es einmal wieder abgeben. Doch dies darf nicht auf einmal geschehen, sondern schrittweise. Von vielen Menschen ist dieser Opfergedanke jedoch zu einer falschen Philosophie entwickelt worden, die zur völligen Entsagung und zur Abtötung führt.

Alles Endliche besteht aus einem Kommen und einem Gehen und ist daher jeweils wie eine Welle, die sich erhebt und sich dann wieder auflöst. Die Wirklichkeit ist, um in diesem Bild zu sprechen, der Ozean, der einen bleibenden Wert hat. Das Ewige und Bleibende ist Gott, der Fels, der jedoch mit uns geht – auch in unser Leid und in unseren Tod hinein. Die Veränderung von allem Endlichen ist die eine Wirklichkeit; die andere ist die Nichtveränderung, also Gott, der in allem gegenwärtig ist und durch alle Veränderung hindurch die Welt zu ihrem Ziel führt.

Der im Hingabe-Gebet Fortgeschrittene sieht die eine Wahrheit der ganzen Schöpfung in allem. Er sieht in der ständigen Veränderung das göttliche Element der Nicht-Veränderung, das alles durchdringt. «Alles Sichtbare ist in einen Geheimniszustand erhobenes Unsichtbares» (Novalis, 1777–1801).

Gehen wir einen konkreten Glaubens- und Gebetsweg, dürfen wir sicher sein, dass wir uns dem liebenden Entgegenkommen Gottes immer mehr öffnen und gleichzeitig von ihm in das Geheimnis des Glaubens tiefer eingeführt werden. Dies geschieht nicht intellektuell, sondern durch Erfahrung auf der Ebene einer anderen Dimension, die nicht mehr mit Worten aussagbar ist. Was der Glaubende in Gott hinein loslässt, empfängt er gewandelt, gesegnet und für immer zurück.

Ehre sei Gott in der Höhe

Der Himmel lacht und alle Sterne funkeln,
denn in dieser Nacht ist der Heiland geboren.
Der Ratschluss Gottes hat sich erfüllt:
Gott ist Mensch geworden in Jesus Christus.
Gott ist Mensch geworden durch Maria –
fernab der Welt im Stall zu Betlehem.

Aus dem Wurzelstock Isais wächst ein Spross,
ein junger Trieb erblüht zur edlen Rose.
Auf ihr ruht Gottes Geist und Segen.
Selbst die Engel halten inne und
sind erfüllt von der Erkenntnis des Herrn.
Ihre Stärke und ihr Lied ist der Herr.

Das Geheimnis der Gottesgeburt im Herzen
und in der Seele der Menschen ist verborgen
und bleibt wie hinter verschlossenen Türen.
Öffnen wir uns der Gegenwart Jesu Christi,
schenkt er uns seine Gnade in Fülle
und der Stern, der einst leuchtend
über Betlehem aufging, beginnt wieder
zu leuchten und zeigt uns den Weg.

Unser Weg führt zur Kirche und weiter
in ihr und über sie hinaus zu Gott,

der in seinem geliebten Sohn gegenwärtig ist.
Gottes Geist und Segen ruhen auf diesem Haus –
fest gegründet und erbaut aus ewigen Steinen.

Aus dem Stall zu Betlehem leuchtet
das Licht Gottes sowohl in unsere Herzen
als auch in die Rosen- und die Rundfenster
der herrlichen Kirchen und Kathedralen:
Ehre sei Gott. Ehre sei Gott in der Höhe.

Marias dreißig verborgene Jahre

Lange ist es jetzt her: In meiner Jugend unternahm ich häufig von Rheine aus, wo ich aufwuchs, Fahrten mit dem Fahrrad nach Gerleve, um die dortige Benediktinerabtei zu besuchen. Es war und ist für mich etwas ganz Besonderes, an den Tagzeiten der Mönche teilzunehmen. In den vielen Jahren meiner Besuche dort lernte ich einige Mönche kennen, die ich dann gern beim Chorgebet zu identifizieren versuchte – was allerdings nicht immer einfach war, besonders dann, wenn sie ihre schwarze, tief ins Gesicht gezogene Kapuze trugen. So darf ich sagen, dass ich ein wenig mit der benediktinischen Spiritualität groß geworden bin. Meine Eltern, die lieber die Gottesdienste in unserer Gemeinde besuchten, konnte ich nicht für diese strenge mönchische Liturgie begeistern.

Da die beiden Marien-Wallfahrtsorte Telgte und Kevelaer zu weit von Rheine entfernt sind, um sie als Junge mit dem Fahrrad zu erreichen, hatte ich in meiner Jugend niemals die Freude, einmal einen Marien-Wallfahrtsort zu besuchen. Auch meine Eltern kannten beide das Wallfahrten nicht. Sie fühlten sich wohl in der heimischen Kirche mit den sich abwechselnden verschiedenen Liturgien – jeweils dem Kirchenjahr entsprechend.

Als ich aus gesundheitlichen Gründen meine Kooperatorenstelle in St. Peter in Villnöß, Südtirol, verlassen musste und nach einer Krankheit meinen priesterlichen Dienst wieder – diesmal in der Diözese Münster – aufnehmen durfte, schickte mich Bischof Reinhard Lettmann für einige Jahre als Wallfahrtsseelsorger in den Marien-Wallfahrtsort Kevelaer am Niederrhein, wo Maria als «Trösterin der Betrübten» verehrt wird.

Als Wallfahrtsseelsorger gehörte es zu meinen Aufgaben, mehrmals in der Woche am Nachmittag in der Marienbasilika eine Pilgerandacht zu halten. Die Pilgerpredigt musste eine halbe Stunde lang sein. Mit großem Engagement, mit Freude und Dankbarkeit wuchs ich langsam in die Marienverehrung hinein. Es war jedoch bei den vielen Andachten das gesamte Jahr über nicht einfach, Maria in den Mittelpunkt immer neuer Predigten zu stellen. So blieb es nicht aus, dass ich manche Marienpredigt wiederholte.

Ein Thema, das mich damals schon anzog, um daraus eine Predigt zu entwickeln, sind die dreißig verborgenen Jahre Jesu mit seiner Mutter. Da ich zusätzlich zu den vielfältigen Aufgaben in der Wallfahrt die Krankenhausseelsorge im Marienhospital übertragen bekam, kam es nicht mehr dazu, mich diesem Thema zu widmen. Doch jetzt, da der Verlag mir die Anregung gab, ein Marienbuch zu schreiben, leuchteten die verborgenen dreißig Jahre in Nazaret wieder vor mir auf, und ich möchte versuchen, sie ein wenig auf Maria hin zu erhellen.

Ich stelle mir die Frage, was die dreißig verborgenen Jahre für Maria bedeutet haben. Doch zunächst eine Vorbemerkung, um zu verstehen, wer Maria war: Jesus lebt von der Liebe des Vaters und in der Liebe zum Vater. In dieser Liebe sind der Vater und der Sohn eines Wesens. Der Vater lässt Jesus Menschen begegnen, die in der Offenheit eines beginnenden Glaubens zu ihm kommen. *Niemand kann zu mir kommen, wenn nicht der Vater, der mich gesandt hat, ihn zu mir führt* (Johannes 6,44).

Die Liebe des Vaters zieht Menschen zu Jesus, indem er das Innerste dieser Menschen öffnet, damit sich ihnen das Wesen Jesu erschließt und sich Jesus in ihnen verherrlicht. «Verherrlichen» ist im Johannesevangelium das Wort für das Durchdringen des göttlichen Wesens im Menschen, der auf diese Weise durch, mit und in Christus ein Liebender wird, jemand, in dem Christus Gestalt angenommen hat. Der Mensch wird zum Licht der Welt wie es der Mensch gewordene Sohn vom Vater her ist. Jesus offenbart sich den Menschen, und indem er sie liebt, schenkt er sie dem Vater, sodass sie mit ihm rufen: *Abba, lieber Vater!* (Galater 4,6).

Der erste dieser Menschen, das erste Geschenk, das der Vater seinem Sohn macht, als er Mensch wird, ist Maria. Alles Erste hat in der Schöpfung und in der Erlösung einen besonderen Glanz, weil es auf Gott, den Ersten, verweist. Gott möchte, so lesen wir im Alten Testament, dass sein Volk ihm die Erstlinge darbringe, denn sie sind zweifellos das makellos Schönste von allen Gewächsen der Erde. Wie viel mehr wird Gott seinem Sohn zur Menschwerdung als Erstlingsgabe das Schönste seiner Menschenkinder anvertrauen: Maria. In ihr wird sich Jesus, der Christus, als Erster verherrlichen. Jesus verherrlicht den Vater im Himmel wiederum durch seine Mutter Maria sowie durch die von ihm erlösten Geschöpfe. Jesus offenbart sich als Erstes seiner Mutter Maria, sowie er sich keinem anderen Wesen offenbart. Sie ist sein Erstlingsgeschenk an den Vater und an uns.

Vielleicht lichten sich uns von da etwas die verborgenen dreißig Jahre in Nazaret. Maria ist der Mensch, der diese Jahre mit ihrem Sohn teilt. Sie nimmt alle Wesenszüge seines Verhaltens vom Kind bis zum Mann im Glauben wahr und lässt sich von ihnen prägen. Auf diese Weise wird Maria mehr und mehr ihrem Sohn gleichförmig wie niemand sonst. Wüssten wir von der Zeit Jesu in Nazaret nichts weiter, als dass Maria ihrem göttlichen Sohn gleichförmig wurde: Es würde vollends genügen. Von den verborgenen Jahren wissen wir tatsächlich recht wenig.

Nach der Verheißung der Geburt Jesu durch den Engel Gabriel besuchte Maria ihre Verwandte Elisabet. Josef und Maria gingen von Nazaret nach Betlehem, um sich in Steuerlisten einzutragen. *Als sie dort waren, kam für Maria die Zeit ihrer Niederkunft, und sie gebar ihren Sohn, den Erstgeborenen. Sie wickelte ihn in Windeln und legte ihn in eine Krippe, weil in der Herberge kein Platz für sie war* (Lukas 2,6–7). Die Hirten, die ein großes himmlisches Heer von Engeln sahen, machten sich auf den Weg zur Krippe. Der Stern, den die drei Könige hatten aufgehen sehen, führte sie nach Betlehem. Sie huldigten dem Kind und schenkten ihm seine Gaben. Im Matthäusevangelium folgt die Flucht der heiligen Familie nach Ägypten, im Lukasevangelium die Darbringung Jesu im Tempel. *Sie brachten das Kind nach Jerusalem hinauf, um es dem Herrn zu weihen, gemäß dem Gesetz des Herrn, in dem es heißt: Jede männliche Erstgeburt soll dem Herrn geweiht sein* (Lukas 2,22–23).

Der greise Simeon, auf dem der Geist Gottes ruht, nimmt das Kind in seine Arme und preist Gott. Simeon segnet seine Eltern und sagt zu Maria, der Mutter Jesu:

Dieser ist dazu bestimmt, dass in Israel viele durch ihn zu Fall kommen und viele aufgerichtet werden, und er wird ein Zeichen sein, dem widersprochen wird. Dadurch sollen die Gedanken vieler Menschen offenbar werden. Dir selbst aber wird ein Schwert durch die Seele dringen (Lukas 2,34–35).

«Dies wird zwar über den Sohn gesagt, aber die Worte richten sich an seine Mutter. Sie betrifft alles auch in eigener Person, Prüfung wie Verherrlichung. Nicht nur Glück sagt er voraus, sondern auch Schmerz» (Gregor von Nyssa). Die Eltern Jesu versetzt die Enthüllung des Simeon in Staunen. Das Staunen ist der Anfang des Glaubens – bevor er zum Verstehen wird. Simeon spricht Maria an, da sie auf besondere Weise mit dem Schicksal ihres Kindes verbunden ist. Jesu Freude ist auch die Freude der Mutter, und sein Leid ist auch ihr Leid. Gott hat Jesus als Heilszeichen eingesetzt, das aber auch zu einem Zeichen des Widerspruchs wird und Gegenwehr aufbrechen lässt, damit das verborgene Böse in der Gedankenwelt der Menschen entlarvt wird. Maria, die Mutter, die Jesus als Menschen, als Leidensfähigen, geboren hat, leidet am Widerspruch mit, den er auslöst, denn Maria und Jesus sind nicht zu trennen.

Die Passion Jesu wirft ihren Schatten schon auf diese frühe Zeit in Nazaret und in besonderer Weise auf das Herz Marias. Ihre Seele wird von tiefem Schmerz durchbohrt werden. So enthüllt Simeon der Mutter Jesu das Schicksal ihres Kindes, wobei er den frühen und schmerzhaften Tod Jesu nicht ausschließt. Alle Ablehnung, die der Messias erfährt, wird das Herz seiner Mutter durchbohren.

«Der Schmerz über das Leiden des Herrn hat ihre Seele durchdrungen. Obgleich sie nicht zweifelte, dass Christus als der Sohn Gottes den Tod freiwillig auf sich nahm und ihn auch besiegen werde, war es doch nicht möglich, ihn, ihr leibliches Kind, gekreuzigt zu sehen, ohne tiefen Schmerz zu empfinden» (Origenes).

Noch einmal begegnen wir Jesus und seinen Eltern in den verborgenen dreißig Jahren. Danach hören wir von Josef nichts mehr. Nach den Festtagen in Jerusalem suchen seine Eltern voll Angst den Zwölfjährigen. Nach drei Tagen finden sie ihn im Tempel unter den Lehrern, denen er zuhört und denen er Fragen stellt. Maria ist die Erste, die ihn von sich aus fragt: *Kind, wie konntest du uns das antun? Dein Vater und ich haben dich voll Angst gesucht* (Lukas 2,48). Die Antwort Jesu, dass er in dem sein müsse, was seinem Vater gehört, verstehen sie nicht. Maria sah zwar das Licht und den Wesensglanz Jesu schon bei der Verkündigung, denn sie glaubte, was der Engel ihr vom Herrn sagte, doch jetzt im Tempel versteht sie den Zwölfjährigen nicht. Was ist der Grund dafür? Es war kein fehlender Glaube, sondern ihre natürliche mütterliche Nähe und ihre menschliche Sorge um ihn, die sie drei Tage suchen ließ.

In den dreißig verborgenen Jahren in Nazaret steht Maria in einem anderen Lernprozess als ihr Sohn Jesus. Er, göttlichen Wesens, muss unter den Bedingungen seiner damaligen Umwelt in Nazaret das Menschliche lernen, was oftmals mit leidvollen Erfahrungen verbunden war.

- *Er war Gott gleich, hielt aber nicht daran fest, wie Gott zu sein, sondern er entäußerte sich und wurde wie ein Sklave und den Menschen gleich. Sein Leben war das eines Menschen; er erniedrigte sich und war gehorsam bis zum Tod, bis zum Tod am Kreuz* (Philipper 2,6–8).

- *Obwohl er der Sohn war, hat er durch Leiden den Gehorsam gelernt* (Hebräer 5,8).

Seine Mutter, menschlichen Wesens, muss im Gegensatz zu ihrem Sohn das Göttliche in seiner verborgenen irdischen Gestalt kennenlernen. Maria ist, wie Jesus, zum Lernen bereit. Sie versteht zwar nicht, was Jesus ihr in Jerusalem im Tempel sagt, aber sie bewahrt all seine Worte auf ein späteres Verstehen hin aus Glauben in ihrem Herzen. *Dann kehrte er mit ihnen nach Nazaret zurück und war ihnen gehorsam. Jesus aber wuchs heran, und seine Weisheit nahm zu, und er fand Gefallen bei Gott und den Menschen* (Lukas 2,51–52).

Nazaret ist die Stadt, deren Einwohner achtzehn Jahre später Jesus zu töten versuchen. Nachdem er in der Synagoge die Schrift ausgelegt hatte, geraten alle in Wut und wollen ihn den Abhang hinabstürzen.

- *Er aber schritt mitten durch die Menge hindurch und ging weg* (Lukas 4,30).

In den verborgenen Jahren wächst Jesus heran und nimmt zu an Weisheit und Wohlgefallen bei Gott und den Menschen. Es ist also nicht nur sein Vater im Himmel, der Wohlgefallen an ihm findet, sondern es sind auch die Menschen. Aber zugleich mit dem Wohlgefallen, das Jesus bei Menschen findet, die aus Finsternis nach Licht verlangen, wird vielen anderen die Bekehrung und das Kommen des Reiches Gottes fernbleiben. Für diese Menschen ist Jesus ein Ärgernis, das in ihnen ständig wächst. Jesus wird schon als Kind in den verborgenen Jahren in Nazaret die Menschen seiner Umgebung durch seine Unschuld, Lauterkeit und Wahrheit betroffen gemacht und vieles in Frage gestellt haben. Da er zur Alternative wird, fordert er die Menschen in seinem Umfeld heraus, sich zu ändern oder sich von ihm radikal abzuwenden.

Jesus wird als Kind gewiss schon dem Spott anderer Menschen oder der Heimtücke von Kindern ausgesetzt gewesen sein, die ihn nicht mögen, weil er gewisse Dinge nicht mitmacht und durch seine Wahrheit ihre Unwahrheiten aufdeckt. Wie reagiert er darauf? Er darf es nur im Gehorsam der Liebe, und das muss er lernen. Jesus wächst an der Seite seiner Mutter heran, und auf jeder Altersstufe erlebt er die Bosheit, den Egoismus und die Verkehrtheiten der Menschen auf andere Weise. In jeder Altersstufe muss er lernen, wie er darauf in der Liebe, die Gott selbst ist, zu antworten hat. Was er dreißig Jahre hindurch leben und lernen muss, das lehrt er später in der Bergpredigt. Wir dürfen sicher sein, dass Jesus nicht lehrt, was er nicht selbst gelebt hat.

Das Resultat der verborgenen Jahre Jesu in Nazaret besteht darin, dass man ihn nach seinem ersten öffentlichen Auftreten in der Synagoge seiner Heimatstadt umbringen will – wie es auch das Ergebnis seiner drei öffentlichen Jahre ist, dass man ihn umbringt.

Aber es gibt noch ein anderes Ergebnis dieser verborgenen Jahre. Es ist ein Ergebnis, das auf die Frage antwortet: Warum verlässt Jesus denn nicht schon mit achtzehn oder zwanzig Jahren seine Vaterstadt Nazaret, um ganz Israel in Staunen zu versetzen und auf den Weg der Wahrheit zu bringen?

Da gibt es in Nazaret einen Menschen, der Jesus nach dem Willen seines Vaters dreißig Jahre lang begleitet: Maria. Für Maria, seine Mutter, darf er keines dieser Jahre auslassen. Sie ist Gottes erstes und schönstes Geschenk an ihn in seiner Menschwerdung. Am Ende des irdischen Daseins Jesu wird Maria zum letzten Geschenk an den Vater und an uns. Von Gott ist es vorgesehen, dass Maria als einziger Mensch den Messias Jesus in allen Phasen und Zeiten seines Werdens und in allen Weisen seines Verhaltens sieht und erlebt: das Kind, den Knaben, den Jüngling und den Mann.

Was wir zutiefst in unserem Innern im Auge haben und schauen, das formt und trägt uns. Wir werden, was wir schauen. Im gläubigen Blick auf Jesus wird Maria ihm von Jahr zu Jahr ähnlicher. Wie Jesus seiner Mutter ähnlich ist durch die Geburt, so wird sie ihm ähnlich als dem Sohn Gottes. Jesus hat Maria im Blick, und Maria lebt wiederum ganz in der Ausstrahlung Jesu. Wie wir von einem geliebten und uns liebenden Menschen gesehen werden, hat entscheidende Bedeutung für die Entfaltung unseres innersten Wesens. Der Liebende sieht im Geliebten die Gottähnlichkeit und damit das Eigentliche und Schönste.

Für Jesus waren die dreißig verborgenen Jahre in Nazaret notwendig zur Vorbereitung seines öffentlichen Auftretens, seines Lehrens, seines Leidens und Sterbens. Für Maria waren die Jahre in Nazaret die notwendige Vorbereitung, um mit ihrem göttlichen Sohn Jesus Christus gleichförmig zu werden. Menschen, die tief im Glauben verankert sind, nehmen dieses an Maria, der Mutter Gottes, wahr. Diese innere Wahrnehmung aus dem Glauben ist nicht in Worte zu fassen. Dreißig Jahre verwandte Jesus darauf, das Herz seiner Mutter und ihr Wesen für das kommende Reich Gottes zu weiten und zu sensibilisieren für die Fragen, Nöte, Leiden, Ängste und Hoffnungen der Armen aller Völker – aller, die Gottes Erbarmen die gesamte Weltzeit hindurch suchen.

Jesu Absicht in den dreißig verborgenen Jahren war es, seine Mutter am Kommen des Reiches Gottes zu beteiligen als Fürbitterin, Trösterin und Helferin, als Mutter der Bedrängten und Mutter aller Menschen. Der Schöpfer hat für uns nicht nur eine leibliche Mutter vorgesehen, sondern auch eine Mutter im Glauben, deren ganzes Zuhause Gott ist und deren ganzes Wesen die Nähe zu Christus ausmacht. Sie, Maria, ist ganz und gar Hinweis auf ihren Sohn Jesus Christus. Seit es eine Kirche gibt, hat Maria, als Geschenk ihres Sohnes an uns, unzählige Menschen im Sinne des Evangeliums beglückt. Jesus selbst hat die Beziehung Marias zur Kirche mit seinem Vermächtniswort gestiftet: *Siehe, deine Mutter!* (Johannes 19,27). Unmittelbar ist dieses Wort dem Jünger gesagt, den Jesus lieb hat. Unter dem Kreuz vertritt dieser Jünger uns alle. Daher gilt auch dieses Wort: *Siehe, deine Mutter!* allen, die bereit sind, Jesus nachzufolgen.

Im «Ave Maria» ruft der katholische Christ Maria an mit den Worten: «Bitte für uns Sünder jetzt und in der Stunde unseres Todes.» Nächst Jesus möchten wir seine Mutter ganz nah bei uns haben, wenn wir sterben – so wie sie unter dem Kreuz zugegen war, als er starb.

Mit Hilfe eines Fragebogens von Marcel Proust (1871–1922), den die «Frankfurter Allgemeine Zeitung» einmal in der Woche erscheinen lässt, werden bekannte Persönlichkeiten nach ihrer Weltanschauung gefragt. Eine Frage unter vielen lautet: «Ihre Heldinnen in der Geschichte?» Eine Vielzahl der Personen, die diesen Fragebogen beantworten, nennen an dieser Stelle Mutter Teresa, die in Indien

Sterbenden beistand. Es kommt wohl aus der Tiefe des menschlichen Unbewussten, dass wir uns mit Menschen in ihren Extremsituationen, den Sterbenden also, identifizieren und eine Frau, die ihnen ihr Leben widmete, bewundernd verehren.

Wir ahnen unser Angewiesensein auf ein Antlitz der erbarmenden Liebe, das sich – wenn es um unser Sterben geht – ähnlich über uns neigt, wie nach unserer Geburt das Antlitz der Mutter. Diese Sehnsucht ist eine ähnliche, und doch ist sie wieder ganz anders. Unsere leibliche Mutter barg uns bei sich selbst; die Mutter, nach der wir uns beim Sterben sehnen, möge uns durch ihren tiefen Glauben in Gott hinein bergen. Darum beten wir im «Ave Maria» immer wieder: «... bitte für uns in der Stunde unseres Todes».

Gegrüßet seist du, Maria, voll der Gnade,
der Herr ist mit dir.
Du bist gebenedeit unter den Frauen,
und gebenedeit ist die Frucht deines Leibes, Jesus.

Heilige Maria, Mutter Gottes,
bitte für uns Sünder
jetzt und in der Stunde unseres Todes.
Amen.

Marias Geheimnis

Es gibt vier Worte Jesu in den Evangelien, die den Eindruck erwecken, dass Jesus seiner Mutter mit herben Worten begegnet oder von ihr spricht. Früher verstand ich die Hintergründe nicht recht; und wenn das Evangelium gelesen wurde, in dem eines dieser Worte steht, hörte ich weg oder schüttelte voll Unverständnis innerlich mit dem Kopf.

- Nach dreitägigem Suchen voll Unruhe und Angst finden seine Eltern den zwölfjährigen Jesus im Tempel. Auf die spontane Frage Marias: *Kind, wie konntest du uns das antun?* antwortet Jesus: *Warum habt ihr mich gesucht? Wusstet ihr nicht, dass ich in dem sein muss, was meinem Vater gehört?* (Lukas 2,48–49)
- Zur Hochzeit in Kana waren die Mutter Jesu und Jesus sowie seine Jünger eingeladen. *Als der Wein ausging, sagte die Mutter Jesu zu ihm: Sie haben keinen Wein mehr. Jesus erwiderte ihr: Was willst du von mir, Frau? Meine Stunde ist noch nicht gekommen* (Johannes 2,3–4).
- Nach der fesselnden Verteidigungsrede Jesu – wahrscheinlich in einem Haus in Kafarnaum – besuchten ihn aus Nazaret seine Mutter Maria und seine Brüder. Da das Haus überfüllt war, blieben sie draußen stehen und ließen Jesus rufen. Jesus jedoch blieb bei seinen

Zuhörern und sagte: *Wer ist meine Mutter, und wer sind meine Brüder?* (Markus 3,33)

- Eine Frau aus der großen Menge der Zuhörer rief nach einer Rede Jesu spontan aus: *Selig, die Frau, deren Leib dich getragen und deren Brust dich genährt hat. Er aber erwiderte: Selig sind vielmehr die, die das Wort Gottes hören und es befolgen* (Lukas 11,27–28).

Die ersten beiden Worte werden in den beiden Kapiteln besprochen: «Marias persönliche Worte im Evangelium» und «Maria und die Stunde Jesu». Den letzten beiden Punkten ist dieses Kapitel gewidmet.

Die kirchliche Lehre legt seit alters her großen Wert auf den Zusammenhalt und den Schutz der Familie. Jetzt begegnet uns ein Text in der Heiligen Schrift, der äußerst familienfeindlich zu sein scheint. Wie ist er zu verstehen? Nach der Taufe Jesu und der Bestätigung durch den himmlischen Vater fand im Leben Jesu eine Entgrenzung statt, die ihm nach den dreißig verborgenen Jahren in Nazaret die Herzen vieler Menschen öffnete – wie auch bis heute in der gesamten Welt. Jesus ist nicht mehr Privatperson, sondern jemand, dessen Wirken, Sprechen und Handeln alle Menschen überall in der Welt angeht.

Maria empfing bei der Verheißung der Geburt Jesu vom Engel die Botschaft, dass Jesus Sohn des Höchsten genannt wird und seine Herrschaft kein Ende hat. In die tiefste Wahrheit dieser göttlichen Dimension muss sie erst einmal hineinwachsen und eine Entgrenzung nach der anderen erfahren. Auch die verwandtschaftlichen Beziehungen müssen eine Ausweitung erfahren, die sicherlich auf allen Seiten auch menschlichen Schmerz hervorgebracht hat.

Die Mutter Jesu und seine Brüder sind von Nazaret aufgebrochen, um Jesus in Kafarnaum zu besuchen. Das Wort «Bruder» kann sowohl im Griechischen als auch im Aramäischen, der Volkssprache zur Zeit Jesu, gleichermaßen «leiblicher Bruder», «Stiefbruder» oder «Vetter» bedeuten. Ein spezielles Wort für «Cousin» kannte man im Aramäischen nicht. Wegen der Menschenmenge, die sich im Haus um Jesus versammelt hat, bleiben sie draußen stehen und lassen ihn rufen. Ein Bote also, vielleicht ein Kind, das schneller und leichter durch die Menge der Menschen kommen kann, meldet Jesus die Ankunft seiner Mutter und seiner Brüder.

Die Mutter wird ausdrücklich an erster Stelle genannt. Das vierte Gebot, das die Ehre von Vater und Mutter zum Inhalt hat, fordert es von Jesus, sofort aufzustehen, um seiner Mutter entgegenzugehen. Jesus bleibt jedoch im Haus und sagt zu seinen Zuhörern, denen er das Wort Gottes auslegt: *Wer ist meine Mutter, und wer sind meine Brüder? Und er blickte auf die Menschen, die im Kreis um ihn herum saßen, und sagte: Das hier sind meine Mutter und meine Brüder. Wer den Willen Gottes erfüllt, der ist für mich Bruder und Schwester und Mutter* (Markus 3,33–35).

Jesus antwortet zunächst mit einer Frage, die er dann selbst beantwortet. Das Wort «Mutter» steht jetzt sogar an letzter Stelle. Was geht in den Herzen der Zuhörer und im Herzen Marias und der Brüder vor, als sie dieses Wort Jesu hören? Wenn Maria es nicht gehört haben sollte, da sie draußen steht, so wird man es ihr sofort überbringen. Wie befremdend mag es wirken, dass Jesus mit seinen herben Worten seine Mutter nicht zu achten scheint und sie mit keinem Wort aus der Menge der anderen Menschen heraushebt. Vater, Mutter und Kinder sind die Urzelle des Alten Bundes. Von hier aus versteht man vielleicht das ganze Ausmaß der augenscheinlichen Absage Jesu an seine Mutter und seine Verwandten und damit an die von Gott gesetzte Einheit der Familie.

Es ist für Jesus ein langer und schmerzhafter Prozess und eine Aufgabe, die er letztlich mit seinem Tod am Kreuz bezahlen muss, um den Bund Gottes, der mit Abraham und seiner Familie begann, von allen Einschränkungen zu befreien und ihn in den neuen und ewigen Bund «für die vielen» zu überführen. Es kommt einzig und allein darauf an, dass der Wille Gottes geschieht, und wenn wir bereit und fähig sind, ihn an uns geschehen zu lassen, ist es die höchste Ehre, mit der ein Mensch gewürdigt werden kann.

Jesus ging nach den dreißig Jahren in Nazaret von seiner Familie fort, um dem Ruf Gottes zu folgen, und zeigt jetzt – wie er es bereits als Zwölfjähriger im Tempel von Jerusalem tat –, dass er sich auch innerlich von «Nazaret» gelöst hat, um ganz Gott, seinem Vater, zu gehören. Für alle Zuhörer ist es schwer, die Antwort Jesu zu verstehen, da sie meinen, jetzt, als seine Mutter draußen auf ihn wartet, müsse er seine Predigt mit der Auslegung des Wortes Gottes unterbrechen und erst einmal für sie da sein. Doch dem ist nicht so. Alle blutmäßige Zusammengehörigkeit hat in dem Augenblick nichts mehr zu sagen, in dem Jesus in die Gemeinschaft mit dem Vater eintritt, um das Reich Gottes, das ihn innerlich ganz und gar durchdringt, anderen Menschen zu verkünden. Durch sein Wort vollzieht sich eine Öffnung auf die gesamte Menschheit und die gesamte Schöpfung. Dieses Aufbrechen zum Reich Gottes hat auch die Entgrenzung der verwandtschaftlichen Beziehungen zur Folge.

Der Kirchenlehrer Beda Venerabilis (um 672–735) schreibt: «Obwohl er gebeten wurde, weigert er sich hinaus zu gehen, nicht weil er seiner Mutter den schuldigen Gehorsam verweigern möchte, sondern weil er zeigen möchte, dass er den Lehren seines Vaters mehr verpflichtet ist als den Gefühlen seiner Mutter. Und er missachtet seine Brüder nicht aus Mutwillen, sondern weil er das geistige Tun der leiblichen Verwandtschaft vorzieht und dadurch zeigt, dass die Herzensgemeinschaft mehr geachtet werden muss als eine leibliche Verbindung.»

Jesus ist bereits «drinnen», das heißt, in einem Haus, und lehrt. Seine Mutter und seine Brüder jedoch stehen noch «draußen». Hier wird zwischen «draußen» und «drinnen» in einem symbolischen Sinn unterschieden. Jesus ist zur Mitte eines inneren Kreises geworden, der die neue Familie bildet, die durch den Neuen Bund zur Ewigkeit berufen ist. Den inneren Kreis bilden diejenigen, die Jesus und dem Wort Gottes zuhören und es erfüllen. Jesu vornehme Aufgabe ist es, die Menschen in das Mysterium des Reiches Gottes einzuführen. Dieser innere Kreis wird dem «Draußen» symbolisch gegenübergestellt. Mit seiner Antwort weist Jesus auf alle hin, die sich im inneren Kreis befinden und nennt sie Bruder, Schwester und Mutter. Sie gehören jetzt zu seiner geistlichen Verwandtschaft, die er höher stellt als die leibliche Verwandtschaft.

Da in Maria, der Mutter Jesu, jedoch ein tiefes Geheimnis verborgen liegt, trifft auf keinen Fall das Wort «draußen» auf sie zu, denn sie nimmt eine Sonderstellung ein. Je größer ein Geheimnis der Gnade ist, umso mehr ist Gott darauf bedacht, es im Verborgenen sich vollenden zu lassen. Aber auch der begnadete Mensch fühlt sich nicht nur verpflichtet, sondern auch äußerst wohl, damit im Verborgenen zu bleiben. Dies gilt ganz besonders für die Gnade, die Maria bereits zu ihren Lebzeiten empfing. Die Marien-Gnade ist allen Menschen zugedacht, die die Gnade des Hörens auf das Wort Gottes und gleichzeitig die Gnade der Erfüllung des göttlichen Willens empfangen.

Jesus weiß um das tiefe Wissen und das Geheimnis seiner Mutter. Er spricht es jedoch nicht vor den Menschen an, um es im Verborgenen zu belassen. Jesus sagt kein Wort, das seine Mutter von den anderen Menschen abheben könnte. Ähnlich geschieht es auch bei der Hochzeit zu Kana, bei der sich Jesus durch sein Wort: *Was willst du von mir, Frau?* zeitweilig äußerlich von ihr distanziert. Maria hört aus der scheinbaren Abweisung durch ihren Sohn etwas ganz anderes heraus. Zunächst ist es die Distanzierung von Fleisch und Blut, von rein menschlicher Beziehung, von bloßer Verwandtschaft. Maria hört aus den Worten Jesu, die für uns abweisend klingen, eine Bestätigung ihres Glaubens heraus, der nicht ihren Sohn, den sie geboren hat, sucht, sondern den, den Gott zum Messias gemacht hat. Sie versteht ihn, der jetzt gesandt ist, das Reich Gottes zu verkünden; sie weiß, dass er der Sohn des lebendigen Gottes ist, und vertraut.

Wir können das Verhalten Jesu zu seiner Mutter und Marias zurückhaltendes Wesen nur verstehen, wenn wir uns noch einmal vergegenwärtigen: Je größer eine Gnade ist, umso mehr bleibt sie im Verborgenen. Um Maria besteht in der Heiligen Schrift ein ganz eigenes Geheimnis. Vielen öffnet sich das Geheimnis Marias nicht unmittelbar, und es ist verständlich, dass dieser Garten verschlossen, die Quelle versiegelt bleibt, wenn sie nicht durch den Heiligen Geist aufgeschlossen und entsiegelt wurde.

In Folge einer gewissen Verschlossenheit geschieht bei vielen Menschen eine Seligpreisung Marias nicht – obwohl sie selbst im Evangelium sagt: *Siehe, von nun an preisen mich selig alle Geschlechter* (Lukas 1,48). Sie muss es, inspiriert vom Heiligen Geist, im großen Lobpreis, dem Magnifikat, sagen. Die Offenheit für das Geheimnis Gottes, das in Maria in ganz besonderer Weise wirksam und lebendig war, ist reine Gnade.

Auch wir sollten, wenn Gnade uns erreicht und erfüllt, damit im Verborgenen bleiben. Es ist vornehm und hat eine besonders anziehende Wirkung auf andere, wenn ein Mensch sehr diskret mit seinem Christsein ist und daraus nichts Lautes macht. Je weniger jemand sich selbst sieht und sucht, umso mehr leuchtet das wahre und göttliche Licht aus ihm.

Eine Frau, die zusammen mit vielen anderen Menschen die Verteidigungsrede Jesu gehört hat, rief spontan aus: *Selig, die Frau, deren Leib dich getragen und deren Brust dich genährt hat. Er aber erwiderte: Selig sind vielmehr die, die das Wort Gottes hören und es befolgen* (Lukas 11,27–28).

Die Menschen, die Jesus zuhörten, sind ganz verwundert über sein Wort. Die Frau aus der Menge, die Jesus begeistert zuruft, denkt zunächst daran, mit ihrer Seligpreisung der Mutter deren Sohn Jesus zu loben. Sein Wesen, sein Verhalten und sein Wort haben ihr Innerstes erreicht. Sie ist von der Größe Jesu überwältigt, und diese Größe Jesu macht auch die Mutter groß. Aber Jesus will die Frau – und mit seiner Antwort auch uns – vor einem Missverständnis bewahren.

Jesus antwortet der Frau, und diese Antwort scheint zu überhören, was die Frau zu ihm sagte. Obwohl die Frau durch den Lobpreis der Mutter Jesus ehren will, nimmt er diese Ehrung nicht einfach an. Ihm geht es nicht um die eigene Größe, sondern um das Kommen der Herrschaft Gottes in der Überwindung aller Kräfte, die sich dem entgegenstellen. *Er erwiderte: Selig sind vielmehr die, die das Wort Gottes hören und es befolgen* (Lukas 11,28).

Es geht also nicht um äußere Zugehörigkeit, sondern um das Hören des Wortes Gottes und darum, dass es befolgt und in die Tat umgesetzt wird. Marias Seligkeit, in die sie durch ihren Sohn mehr und mehr hineinwächst, ist nicht einfach ihre leibliche Zugehörigkeit zu Jesus, sondern geht hervor aus dem Hören auf das Wort. Sie hörte das Wort Gottes, nahm es in ihr Innerstes auf und bewahrte es. Vor allem aber bejahte Maria den Ratschluss Gottes. Daher ist sie seligzupreisen, weil sie die Mutter Jesu, des Heilbringers, ist und ganz und gar nach dem Wort Gottes lebte. Elisabet pries Maria selig und sagte voll Freude: *Selig ist die, die geglaubt hat, dass sich erfüllt, was der Herr ihr sagen ließ* (Lukas 1,45).

Der Ruf der Frau aus dem Volk ist so etwas wie eine Fortsetzung dieser Seligpreisung. In der Antwort Jesu verbirgt sich das eigentliche Lob seiner Mutter. Sein Wort klingt zunächst abweisend, doch in Wirklichkeit weist er es nur zurück, um es zu entgrenzen und korrigierend zu überbieten. Das Marienlob, das die Frau ausspricht, dehnt Jesus mit seiner Antwort auch auf uns aus. Selig sind alle, die das Wort Gottes hören und befolgen, wie Maria es hört und befolgt. Keiner von uns wird es jedoch so hören können wie sie, weil uns Hindernisse in den Weg gestellt sind, die zum Teil verhindern, dass das Wort Jesu unser Innerstes erreicht. Bei uns kann es nicht so klar wirken, wie wir es von Maria mit Recht annehmen dürfen.

Wenn ein Mensch, angeregt durch Jesu Wort, etwas sagt, dann klingt in diesem Wort mehr als der so Sprechende selbst weiß. *Selig, die Frau, deren Leib dich getragen und deren Brust dich genährt hat.* Der Leib, der Jesus getragen, und die Brust, die ihn genährt hat, ist selbstverständlich der Leib Marias gewesen. Doch darüber hinaus ist es die gesamte Mutter Erde, die Jesu Dasein und sein irdisches Leben und Sterben ermöglichte. Die ganze Schöpfung war an der Inkarnation Jesu beteiligt. So liegt in dem Ausspruch der Frau bereits etwas, was sie selbst nicht ahnte und was ihr auch nicht bewusst war: ein Vor-Bild, ein Vor-Wissen, eine Vor-Ahnung von der neuen Schöpfung, die dadurch neu wird, dass Jesus sich in dieser Welt und Zeit inkarniert hat. *Alles ist durch ihn und auf ihn hin geschaffen. Er ist vor aller Schöpfung, in ihm hat alles Bestand* (Kolosser 1,16–17).

Sind nicht auch wir in dem Wort der Frau anwesend, wenn sie sagt: *Selig der Leib, der dich getragen?* Durch das Wort, das in unser Ohr dringt, nehmen wir leibhaftig Christus auf. Wenn uns die Gnade geschenkt wird, dringt das, was er uns sagt, in unser Herz. Das Eindringen Jesu in seine Schöpfung bekommt seine wunderbare Gestalt, wenn ein Mensch sich ihm gläubig öffnet.

Sie ist die Gottesgebärerin und darum selig, weil sie der Menschwerdung des Wortes zeitlich diente. Noch viel seliger aber ist sie, weil sie das Wort, das ohne Unterlass geliebt werden soll, auf ewig bewahrte.
Beda Venerabilis

Maria und die Stunde Jesu

Niemand wusste etwas von meinem Ausflug, der auf seltsame Weise endete. Ich war siebzehn Jahre alt und liebte mein Fahrrad, das mich in jede Himmelsrichtung trug, die ich mir wünschte. Doch an diesem Tag, die Schule war früher als gewöhnlich zu Ende, hatte ich den Wunsch, einmal allein mit der Bahn in die Stadt zu fahren – ohne dass jemand etwas davon erfuhr. Die Fahrt dauerte ungefähr eine Stunde. Ob ich in der Stadt den Zoo besuchte oder in irgendeinem Kino war, kann ich heute nicht mehr sagen. Um früher als mit der Bahn zu Hause zu sein, versuchte ich mein Glück per Auto-Stopp. Der freundliche Fahrer meinte, dass er ganz kurz bei Bekannten vorbeifahren wolle, die heute Hochzeit feierten. Sein Wagen hielt vor einem recht kleinen Bauernhaus. Von der Tenne her klangen Musik und fröhliche Stimmen. Der Fahrer stieg aus, und als ich im Wagen sitzen bleiben wollte, bat er mich, mit zur Hochzeitsfeier zu gehen. Ich wurde so freundlich empfangen, als ob ich zu den Freunden oder Verwandten der Brautleute gehörte. Die Menschen, die mich so herzlich zu sich einluden, hatten sicher wenig Geld: Alles war improvisiert und die Brote und Speisen selbst angerichtet. Aber deshalb war es wohl gerade so einladend und urgemütlich dort.

Ich wurde – obwohl unerwartet – wie all die anderen

Gäste herzlich willkommen geheißen. Außerordentlich verspätet brachte mich der Fahrer bis zum Haus meiner Eltern, von denen ich dann noch in der Nacht allerhand zu hören bekam …

Ähnlich stelle ich mir die Situation vor, als Jesus mit seinen ersten fünf Jüngern – ohne eingeladen zu sein – die Hochzeit in Kana besucht. Vom Jordan aus ist Jesus mit seinen Jüngern unterwegs nach Galiläa, wahrscheinlich in seine Heimat nach Nazaret oder nach Kafarnaum – eine Reise, die drei Tage dauert. Auf ihrem Weg kommen sie über Kana, wo gerade eine Hochzeit stattfindet, bei der die Mutter Jesu auch zugegen ist. Offenbar sind es Verwandte Marias, die diese Hochzeit feiern. Da Jesus und seine Gefährten nicht gleich zu Beginn dabei waren, darf man annehmen, dass man sie nicht erwartete. Doch sie alle, Jesus und seine fünf Jünger, werden sofort aufgenommen. Es sind plötzlich sechs Männer mehr, die an der Hochzeit teilnehmen.

Die Verwandten, die die Hochzeit feiern, müssen arm sein, denn sonst wäre ihnen nicht der Weinvorrat ausgegangen, jetzt, wo sechs Gäste hinzugekommen sind. Bemerkenswert und hoch anzuerkennen ist es, dass die Gastgeber, einfache Leute, keine Umstände machen, den Sohn Marias und die Freunde, die er mitbringt und die sie gar nicht kennen, jetzt zur Hochzeitsfeier mit einladen. Jesus und seine fünf Jünger nehmen ohne Weiteres die Einladung an. Sie kommen allerdings mit leeren Händen, ohne ein Gastgeschenk, wie es üblich ist bei einer Hochzeit, die mehrere Tage dauert.

Wenn man aus Angst, der Vorrat würde nicht reichen, zu Jesus gesagt hätte, er dürfe an der Hochzeit teilnehmen, aber seine Freunde nicht, so wäre Jesus zweifellos nicht geblieben. Wenn man auch nur einen einzigen seiner Freunde ausgeschaltet hätte, wäre er nicht gekommen. Dass alle, die Jesus mitbringt, an den Hochzeitstisch gebeten werden, ist für die Einladenden ganz selbstverständlich. Gerade das ist die Art einfacher und armer Leute, dass sie keine Sorge haben, es könne mit mehr Personen das Fest nicht gelingen oder dieses oder jenes könne nicht reichen. Sie vertrauen einfach und machen sich keine großen Gedanken, sondern bitten alle zu Tisch – dann wird man sehen, wie es weitergeht.

Stellen wir uns einmal vor: Jesus kommt heute zu uns zu einem Mahl – gemeint ist die heilige Eucharistie. Jesus hat viele Freunde, und er möchte, dass es auch unsere Freunde sind. Er bringt immer Freunde mit, die er in unserem Herzen angesiedelt wissen will, vielleicht oder gerade auch solche, die uns – menschlich gesehen – wenig liegen. Wenn wir auch nur einen einzigen von ihnen ausschließen und ihn nicht in unser Herz und unser Wesen einlassen, geschieht auch die Einkehr Jesu bei uns nicht. «Ich kann dein Innerstes nicht erreichen, ich kann nicht wirklich zu dir kommen, wenn du einen von denen ausschließt, für den ich mein Leben hingegeben habe und den ich liebe.»

Maria steht beim Evangelisten Johannes am Beginn des öffentlichen Wirkens Jesu. Johannes kennt keine Kindheitsgeschichte Jesu; er beginnt gleich mit der Taufe Jesu im Jordan, es folgen die Berufung der ersten Jünger und anschließend der Besuch Jesu bei der Hochzeit in Kana. Hier, bei seinem ersten öffentlichen Auftreten, wirkt Jesus sein erstes Zeichen zur Offenbarung der Herrlichkeit des Vaters. Maria ist zugegen und es kommt ihr eine wichtige

Rolle zu. Sie ist eine Art Schlüsselfigur. Beim Evangelisten Lukas steht Maria am Anfang der Menschwerdung Gottes und wiederum am Anfang des Werdens der Kirche: Pfingsten, an dem Tag, an dem sich allen Heiliger Geist schenkt, ist Maria zugegen, und sie wird als Einzige mit ihrem Namen genannt (vgl. Apostelgeschichte 1,14).

Dass Jesus die Hochzeit in Kana zusammen mit seinen fünf Jüngern besucht, dass er sich und seine Freunde spontan einladen lässt, ohne ein Gastgeschenk mitzubringen – all das muss für Maria etwas ganz Ungewöhnliches an sich haben, das sie auf ein besonderes Vorhaben Jesu aufmerksam macht. Sie weiß eines: Nachdem er sie in Nazaret verlassen und sein öffentliches Leben begonnen hat, wird er jetzt als der Messias wirken und vom Reich Gottes künden. Das Kommen Jesu ruft von vornherein eine Erwartung in ihr wach, die mit seiner Sendung zusammenhängt, denn das äußere Vorgehen Jesu widerspricht jeder Konvention. Maria denkt keinesfalls, dass Jesus hier eine Einladung für sich und seine Freunde annimmt, um etwa an den Freuden einer Hochzeit teilzunehmen. Maria ist, wie sonst niemand, eingeweiht in die Sendung und das Wesen ihres Sohnes. Die Verheißung der Geburt Jesu im Lukasevangelium kündet davon.

Der Evangelist Johannes setzt die Kenntnis des Lukasevangeliums voraus. Es gibt zwischen beiden Evangelien eine ganze Reihe von Querverbindungen, die für das Verständnis der Texte wichtig sind. In den dreißig verborgenen Jahren hat Maria von ihrem göttlichen Sohn gelernt, wie auch er von seiner Mutter gelernt hat, Mensch zu werden. Sie kennt ihn als den, der nicht in die Welt gekommen ist, um Freuden bedingungslos für sich und seine Freunde auszunutzen, sondern um den Menschen die messianische Botschaft und die damit verbundene Freude zu bringen. Maria weiß, dass ihr Sohn mit dem Antritt seiner Sendung nicht mehr der Sohn des Zimmermanns ist, sondern der Offenbarer seines himmlischen Vaters. Dies muss man bedenken, um jetzt Marias Reaktion im Gespräch mit Jesus zu verstehen. Sie ist es, die Jesus darauf aufmerksam macht, dass der Wein ausgegangen ist, denn sie weiß sich mitverantwortlich dafür, da man ihren Sohn und seine Freunde um ihretwillen eingeladen hat. Es nehmen sechs Personen mehr am Hochzeitsfest teil.

Jesus und seine Jünger müssen mithalten, wenn Trinksprüche auf die Eltern, Schwiegereltern, auf Freunde und Verwandte ausgerufen werden. Das Leeren des Bechers gehört mit zu diesem Zeremoniell. Es ist von daher nur allzu gut verständlich, dass durch das Hinzukommen von sechs Personen vorzeitig der Wein ausgeht. Und das bringt Maria jetzt Jesus gegenüber zur Sprache.

Als der Wein ausging, sagte die Mutter Jesu zu ihm: Sie haben keinen Wein mehr. Jesus erwiderte ihr: Was willst du von mir Frau? Meine Stunde ist noch nicht gekommen (Johannes 2,3–4). Martin Luther übersetzt die Antwort Jesu drastischer und so, wie sie dem Originaltext weitaus mehr entspricht: «Jesus spricht zu ihr: Weib, was habe ich mit dir zu schaffen? Meine Stunde ist noch nicht gekommen» (Lutherbibel 1912).

Diese merkwürdige Antwort Jesu – er redet Maria nicht mit ihrem Mutternamen an – schafft unweigerlich Distanz zwischen seiner Mutter und ihm. Aller Wahrscheinlichkeit nach hören wir zuerst eine Abweisung aus der Erwiderung Jesu. Maria jedoch versteht dieses Wort durchaus nicht abweisend. Sie hat sich nicht an Jesus als ihren leiblichen Sohn gewandt, weil sie weiß, dass sie als Mutter keine Rechte über ihn hat. Sie will ihn wohl auch nicht einfach auffordern, jetzt etwas zu tun, was der Verlegenheit abhelfen könnte. In Wirklichkeit – und das erfährt Maria jetzt – erhebt sich in der «abweisenden» Antwort Jesu seine Hoheit und seine Herrlichkeit. An ihn, den Messias, wendet sich Maria im Glauben, denn sie weiß, dass er seine Sendung als der Offenbarer des Vaters angetreten hat. Sie wendet sich nicht an ihren Sohn, den sie geboren hat, sondern an den, der er seit Ewigkeit ist: an den Sohn des Vaters, der aus ihr Mensch wurde.

In dem Augenblick, als Jesus seine Mutter als sein Fleisch und sein Blut abweist, spürt Maria, dass jetzt ihr Glaube gefragt ist. Dieser Glaube bedeutet für sie die Tatsache, dass Jesus sich jetzt von Fleisch und Blut distanziert, sie ihn aber als den Christus, den Offenbarer des Vaters, erreicht hat. Maria weiß aus ihrem tiefen Glauben, dass die Stunde, von der Jesus sagt, sie sei noch nicht gekommen, anbrechen wird. Ihr Glaube ist zugleich mit einem vollkommenen Vertrauen verbunden.

Was ist das für eine Stunde, von der Jesus sagt, dass sie noch nicht gekommen sei? Wer das Johannesevangelium kennt, weiß, dass die Stunde Jesu während des Abendmahls anbricht und sich während der Kreuzigung vollendet. Der neue und ewige Bund, den Jesus in der sich im Tod verströmenden Liebe mit den Seinen schließt, und die Geistsendung sind eins. In der Weingabe bei der Hochzeit in Kana, in der zunächst die Stunde Jesu noch nicht gekommen ist, ist die Geistgabe bereits angedeutet, die uns Jesus vom Kreuz her schenkt, als seine Stunde gekommen war. Sowohl in der noch nicht gekommenen Stunde Jesu bei der Hochzeit zu Kana als auch bei der gekommenen Stunde Jesu am Kreuz ist Maria, seine Mutter, anwesend.

Maria, die in das Wesen und die Sendung ihres Sohnes eingeweiht ist, spürt in der noch nicht gekommenen Stunde Jesu bei der Hochzeit zu Kana, als der Wein ausgegangen ist, dass diese Leere die Voraussetzung dafür ist, damit Jesus eine umso größere Fülle offenbaren kann. Auf den Glauben Marias hin dringt langsam die Stunde Jesu durch, denn der Glaube ist die Voraussetzung, dass Jesus das Zeichen, die Offenbarung der göttlichen Herrlichkeit, wirken kann. Maria schafft durch ihren Glauben einen Raum, aus dem göttliches Handeln geboren wird. Ihr Glaube ist wie ein Kelch, der das lebendige Wasser zum Strömen auffängt.

Marias tiefer Glaube wird aus dem zuversichtlichen Wort spürbar, das sie zu den Dienern sagt: *Was er euch sagt, das tut!* (Johannes 2,5) Wenn Jesus kommt – und dessen ist sie sich sicher –, wird seine Gegenwart niemals zur Verlegenheit führen, sondern sie hat etwas zu tun mit der Sendung Jesu, die auf messianische Freude hin angelegt ist. *Es standen dort sechs steinerne Wasserkrüge, wie es der Reinigungsvorschrift der Juden entsprach; jeder fasste ungefähr hundert Liter. Jesus sagte zu den Dienern: Füllt die Krüge mit Wasser! Und sie füllten sie bis zum Rand* (Johannes 2,6–7).

Entsprechend der Zahl der unerwarteten sechs Gäste, die mit leeren Händen zur Hochzeit kommen, stehen dort sechs leere steinerne Wasserkrüge. Die Diener, durch Maria ermutigt, füllen sie jetzt auf das Geheiß Jesu bis obenhin. Maria muss auf dieser Hochzeit ein besonderes

Ansehen haben, weil die Diener auf ihr Wort hin: *Was er euch sagt, das tut!* die Krüge tatsächlich bis zum Rand füllen – vielleicht in einer unbestimmten Erwartung, dass etwas Wunderbares geschehen werde.

Die Verwirklichung der Bitte Jesu, die Krüge mit Wasser zu füllen, muss man sich folgendermaßen vorstellen: Wasserhähne im Haus gibt es nicht, dafür aber einen Dorfbrunnen in Kana, der vielleicht etliche Minuten vom Haus der Hochzeitsleute entfernt ist. Wasserkrüge dieses Umfangs werden auf einen Eselskarren geladen, zum Dorfbrunnen gebracht, mit Wasser gefüllt und zurückgefahren. Hinzu kommt, dass nicht alle Gefäße auf einmal auf eine Fuhre gehen. Umso erstaunlicher ist es, mit welcher Bereitschaft die Diener dem Ansinnen, die Krüge mit Wasser zu füllen, nachkommen. Immer wieder wird deutlich, wie unmittelbar die Diener reagieren. Es ist offenbar der Geist Marias, der auf sie übergegangen ist und sie ansteckt.

Als die mit Wasser gefüllten Krüge im Haus stehen, sagt Jesus zu den Dienern: *Schöpft jetzt und bringt es dem, der für das Festmahl verantwortlich ist. Sie brachten es ihm. Er kostete das Wasser, das zu Wein geworden war. Er wusste nicht, woher der Wein kam; die Diener aber, die das Wasser geschöpft hatten, wussten es. Da ließ er den Bräutigam rufen und sagte zu ihm: Jeder setzt zuerst den guten Wein vor und erst, wenn die Gäste zu viel getrunken haben, den weniger guten. Du jedoch hast den guten Wein bis jetzt zurückgehalten* (Johannes 2,8–10).

Der Speisemeister ist verantwortlich für die Reihenfolge der Gedecke und auch für den Wein. Er fühlt sich in seiner Ehre gekränkt, da jetzt auf einmal ein Wein aufgetischt werden soll, der weitaus köstlicher ist als der, der zuerst gereicht wurde. Mit seinen Worten wäscht er sich rein von der Verantwortung, die er auf dieser Hochzeit für die Speisen und Getränke übernommen hat. Umso mehr wiegt sein Zeugnis!

So tat Jesus ein erstes Zeichen, in Kana in Galiläa, und offenbarte seine Herrlichkeit und seine Jünger glaubten an ihn (Johannes 2,11). Das Evangelium beginnt: *Am dritten Tag fand in Kana in Galiläa eine Hochzeit statt und die Mutter Jesu war dabei* (Johannes 2,1). Dieser dritte Tag weist symbolisch auf den Morgen der Auferstehung Jesu hin. Die gekommene Stunde ist auf seine Verherrlichung bezogen. Das erste Zeichen Jesu im Johannesevangelium, die Wandlung des Wassers in Wein, ist als eine Vorwegnahme des Aufstrahlens seiner Herrlichkeit zu verstehen, die er uns in seiner Stunde der Hingabe in vollendeter Weise schenkt.

Aufgrund des Glaubens seiner Mutter geschieht das Zeichen bei der Hochzeit zu Kana. In den Glauben eines Menschen hinein schenkt sich der Geist, der dann wirksam wird. Zur Wandlung durch den Heiligen Geist muss zusätzlich zum Glauben eine Bereitung stattfinden, wie sie auf das Geheiß der Mutter Jesu und durch Jesus selbst durch die Diener und ihr Bereitstellen der frischen Wasserkrüge vollzogen wird.

Es ist wichtig, die Symbolbedeutung der Geschichte von der Hochzeit in Kana ein wenig zu bedenken. Es ist der Glaube Marias, der Jesu Heilswirken zum Strömen bringt. Maria hat eine Initialbedeutung für das gesamte Geschehen der Offenbarung Christi, die mit ihrem Ja während der Verkündigung begann. Ihr Ja war von Seiten der Menschheit mitentscheidend, damit Gott Mensch werden konnte

– ein Ja, das jeder immer wieder in Freiheit mitvollziehen und verwirklichen muss. So wie dieses Ja in der Verkündigungsgeschichte die Voraussetzung war, dass Jesus durch den Heiligen Geist Mensch zu werden begann, so hat der Glaube Marias auf der Hochzeit in Kana eine auslösende Wirkung für die Zeichen, die Jesus anschließend wirken wird und die alle hingeordnet sind auf das letzte Zeichen, das aus seiner Hingabe für uns in den Tod besteht und mit seiner Auferstehung von den Toten gekrönt ist.

Maria trägt auf ihrem Schoß das Leid der Welt

Augenblicke gibt es in unserem Leben, in denen sich ein lang gehegter Wunsch von uns erfüllt. Ich durfte diese Erfahrung machen, als ich nach meiner Priesterweihe in Brixen Kooperator in Bruneck, Südtirol, war. Meine Vorliebe für romanische Kunst hat mich mein Leben lang nicht verlassen. Eine besondere Freude war es für mich, ins Grödnertal zu fahren, um Holzschnitzer und ihre Ausstellungen zu besuchen. Als ich einmal wieder eine solche Fahrt unternahm, entdeckte ich in Gröden – etwas abgelegen vom Ortskern – einen Holzschnitzer, der einen romanischen Christus nachgeschnitzt hatte: einen Korpus mit ausgebreiteten Armen – ohne Kreuz. Ich blieb lange vor ihm stehen und betrachtete ihn, ohne zu bemerken, dass meine Betrachtung in ein Beten übergegangen war.

Der Holzschnitzer beobachtete meine Faszination, hielt sich aber zurück. Ich war angetan von der tiefen Ruhe, die von diesem Christus ausging, von seinen entspannten und geheiligten Gesichtszügen – in der Gelassenheit und inneren Freude, den Tod überwunden zu haben. Die Figur war ungefähr sechzig Zentimeter hoch. Der Holzschnitzer nahm sie vorsichtig von der Wand und legte Christus in meine Hände. Es war sonst niemand außer dem Inhaber und mir in der Werkstatt und im angrenzenden Laden. Eine tiefe Verbundenheit zu Christus, der alles Leid und den Tod überwunden hatte, erfüllte mich. Und als ich aufschaute, spürte ich, dass auch der Holzschnitzer darin eingeschlossen war.

Das Kreuz wurde zu meinem Kreuz, und es hat mich niemals mehr verlassen. Selbst in schweren Stunden, einer Krise oder einer Entscheidung durfte ich die Gewissheit haben, dass Christus mein Kreuz mitträgt – oder besser, dass ich das Kreuz Christi mittrage.

Als ich später Priester der Diözese Hildesheim war, beauftragte mich Bischof Josef Homeyer damit, ein Exerzitien- oder Bildungshaus aufzubauen. Das «Haus Cassian», das aus mehreren Häusern bestand, fand im Bistum und weit darüber hinaus einen guten Anklang. Es verfügte im Haupthaus über eine Kapelle, die allerdings noch als Letztes eingerichtet werden musste. Auch dachte ich daran, in jedem Gästezimmer ein Kreuz aufzuhängen, um dadurch die christliche Prägung des Haus Cassian zu dokumentieren. Da ich noch einmal nach Südtirol fahren musste, um einige Formalitäten zu erledigen, nutzte ich die Gelegenheit, «meinen» Holzschnitzer in Gröden zu besuchen, um mir Kreuze für die Gästezimmer anzuschauen.

Als ich das Geschäft betrat – es war größer als früher und hatte keinen Zugang mehr zur Werkstatt, sondern zu einem umfangreichen Ausstellungsraum –, erkannte mich der Inhaber sofort wieder. Bei ihm fand ich genau die Kreuze, die ich mir für die Gästezimmer vorgestellt hatte. Da er die Anzahl, die ich benötigte, allerdings nicht vorrätig hatte, versprach er mir, die noch fehlenden Kreuze sobald wie möglich auf dem Postweg zu schicken. Als ich mich im Ausstellungsraum umschaute, zog mich eine Pietà an, die mich nicht mehr losließ. Eine so faszinierende und mich innerlich berührende Schmerzensmutter, die ihren toten Sohn auf ihrem Schoß hält, hatte ich bisher noch nicht gesehen. Sollte sich hier, am gleichen Ort, noch einmal wiederholen, was ich vor Jahren mit dem Schnitzbild des Gekreuzigten erlebt hatte?

Ich sah vor meinem geistigen Auge die Pietà bereits in einer Nische der Kapelle von Haus Cassian. Der Holzschnitzer gab mir unaufgefordert einige Erklärungen zu der Figur, die die beachtliche Höhe von fast einem Meter hatte. Ich erfuhr, dass es die Nachbildung einer um 1360 im Mittelrheingebiet entstandenen Pietà war, die jetzt unter dem Namen «Pietà Röttgen» im Rheinischen Landesmuseum in Bonn steht. 1912 wurde die Holzplastik aus Pappel- oder Weidenholz aus der Kunstsammlung des Bonner Kaufmanns Carl Röttgen erworben. Die Replik, die Wiederholung des Kunstwerkes, die jetzt vor mir stand, war so hervorragend antikisiert, dass ein Laie wie ich an keinem Detail die Nachahmung feststellen konnte.

Auf wunderbare Weise, durch Spenden und auf Umwegen, gelangte dann einige Monate später tatsächlich diese Pietà in die Kapelle von Haus Cassian. Sie passte genau in die Nische an der Seitenwand, sodass man sie erst nach dem Eintreten in die Kapelle langsam entdecken konnte. Zwei dezente Scheinwerfer beleuchteten sie, und immer standen frische Blumen vor der Schmerzensmutter. Wenn es die Zeit im Kirchenjahr und die Thematik des Kurses erlaubte, saßen wir im Halbkreis vor der Pietà und beteten oder sangen die Vesper.

Am Karfreitag wurde in der Zeit zwischen der Kreuzverehrung und der Grablegung zur Zeit der Vesper eine besondere Betrachtung der fünf Wunden des auf dem Schoß der Mutter ruhenden Sohnes eingeschoben. Diesem Brauch verdankt die Pietà ihren im deutschen Sprachraum gebräuchlichsten Namen: Vesperbild. Die Stufen der Passion Christi wurden den Tageszeiten zugeordnet. Die tägliche Abendandacht brachte man dann in Verbindung mit der Entgegennahme des Leichnams Jesu durch seine Mutter Maria. Der italienische Name der schmerzhaften Mutter, die ihren toten Sohn in ihrem Schoß trägt, ist *Pietà,* im Sinn von innigem Mitgefühl nach dem lateinischen Wort *Domina nostra de pietate,* «Unsere Liebe Frau vom Erbarmen». Das Vesperbild ist ein rein deutsches Motiv, das um 1300 aus der Volksfrömmigkeit entstand und erst später, im Zeitalter des Barock, von italienischen Künstlern aufgegriffen wurde. Hier sei an die Pietà des Michelangelo Buonarroti im Petersdom in Rom erinnert, die zu den bekanntesten Bildwerken zählt.

Christi Mutter stand mit Schmerzen
bei dem Kreuz und weint' von Herzen,
als ihr lieber Sohn da hing.
Durch die Seele voller Trauer,
schneidend unter Todesschauer,
jetzt das Schwert des Leidens ging.

Welch ein Schmerz der Auserkornen,
da sie sah den Eingebornen,
wie er mit dem Tode rang.

Angst und Jammer, Qual und Bangen,
alles Leid hielt sie umfangen,
das nur je ein Herz durchdrang.

Aus dem «Stabat mater»,
Jacopone da Todi (1230–1306) zugeschrieben

Es kam sehr häufig vor, dass die Gruppe im Haus Cassian nach der Vesper vor der schmerzhaften Muttergottes sitzen blieb und ihre eigenen Gedanken und Gefühle einbrachte oder mich gar bat, etwas mehr von der Pietà zu erzählen. Ich unterbrach dann oftmals das Sprechen durch schweigendes Betrachten, durch ein Gebet oder ein Lied.

Das Vesperbild, die Beweinung Christi, ist weder im Neuen Testament noch in den sogenannten apokryphen Schriften erwähnt. Es ist der Augenblick zwischen der Kreuzabnahme des Herrn und seiner Grablegung dargestellt – sicherlich beeinflusst von den entsprechenden biblischen Berichten. Die Pietà ist somit eine «unhistorische» Abbildung, die ihren Ursprung in der Theologie und der Volksfrömmigkeit des Spätmittelalters hat. Denn von einer Klage Marias, einem letzten Abschied, dem Ruhen Christi auf dem Schoß seiner Mutter, ist in den Evangelien keine Rede. Wie kam es aber zu den inhaltsreichen Aussagen über Maria, die sich im Vesperbild widerspiegeln?

- Zum einen war es ihre Mutterschaft. Als Mutter Christi, des Hauptes der Kirche, ist sie zugleich Mutter aller Gläubigen.
- Zum anderen war es Marias seelisches Mitleiden an der Passion ihres Sohnes, das sie zur Teilhaberin am Erlösungswerk werden ließ.
- Die Würde des Sohnes bedingt die Würde der Mutter.

Obwohl man die Pietà den Marienbildern zuordnet, hat sie ihren Ursprung in der auf Christus bezogenen Passionsfrömmigkeit. Das Christusbild – ein Bild für den Opfertod Christi –, wird während des Mittelalters zum Marienbild. Die Betonung des Leidens Christi jedoch blieb allen Vesperbildern gemein. Bei den frühen Bildwerken allerdings steht Maria kompositorisch noch stark im Hintergrund, da das Grundmotiv das Opfer Christi und seine Passion war. Hinzu kam der überwältigende Schmerz seiner Mutter. So verkörpert das Vesperbild eine besonders innige Vereinigung des göttlichen Erlösungsopfers und des menschlichen Mitleidens. An diesem Opfer hat Maria durch ihren Schmerz einen besonderen Anteil.

Maria als Darstellung der Schmerzensmutter fand ihre Ausprägung in Mysterien- und Passionsspielen, besonders angeregt von der Mystik des Heinrich Seuse (1295–1366) und der Mechthild von Hackeborn (1241–1299). Für Johannes Tauler (um 1300–1361) ist es selbstverständlich, dass Maria und Christus auf dem Kalvarienberg gemeinsam ein einziges Opfer darbrachten: Christus litt mit Leib und Seele, Maria litt innerlich, seelisch. Später griff auch Thomas von Kempen (um 1380–1471) diese Thematik auf. So tauchen in der christlichen Kunst ab 1300 Andachtsbilder auf, die besonders das Gemüt betonen und ansprechen – im Gegensatz zu theologischen und eher gedanklichen Spekulationen. Somit hat das Vesperbild seinen Ursprung nicht in kirchlicher Liturgie, sondern vielmehr in persönlicher Frömmigkeit. «Mitgefühl» und «Mitleid» sind Schlüsselbegriffe der Mystik. Sie lassen sich auf das Vesperbild übertragen. So lädt das übergroße Opfer Christi durch Maria, die mitleidet, zum kontemplativen Miterleben ein.

In allen Darstellungen des Vesperbildes kommt das Urphänomen des Mutterschmerzes über ihren toten Sohn zum Ausdruck. Daher wurde und wird das Motiv auch allgemein für die Totenliturgie aufgenommen und kehrt auf Sterbe- und Totenbildern wieder.

13. Station der Kreuzwegandacht:
Jesus wird vom Kreuz abgenommen
und in den Schoß seiner Mutter gelegt.

Der Herr hat ausgelitten. Josef von Arimatäa hat voll
Trauer und Ehrfurcht den Leib des Herrn vom Kreuz
herabgenommen. Dann legen sie Jesus in den Schoß
Mariens, seiner betrübten Mutter …
Auch wir begegnen immer wieder dem Tod.
Menschen, die uns nahestehen, sterben.
Der eigene Tod kommt unausweichlich auf uns zu.
Gotteslob von 1975

Das Vesperbild gehört zu den berühmtesten Gnadenbildern marianischer Wallfahrtsorte und zählt zu den beliebtesten und am meisten verbreiteten Marienbildern. Es stellt immer Maria und ihren Sohn dar, den sie auf ihrem Schoß hält. Beide sind von tiefem Leid gekennzeichnet. Fast alle Vesperbilder sind rechtsseitig aufgebaut, das heißt, die Christusfigur liegt auf der rechten Seite Marias. Sie hält den Körper Christi so, dass der Betrachter die Seitenwunde schauen kann. Bei unserer Pietà-Darstellung blickt Maria, vom tiefen Schmerz gekennzeichnet, auf den geschundenen Leichnam ihres Sohnes. Ihr Kopf ist leicht geneigt und ihr Blick starr und gebrochen. Wie die junge Mutter

Maria ihr Kind auf dem Schoß hält, so hält sie jetzt den toten Körper Jesu in ihren Armen.

Maria sitzt auf einer Art Holzbank, aufrecht, spannungslos und zugleich erstarrt – zu keiner Regung mehr fähig. Der Kopf Christi fällt nach hinten und seine Beine hängen über dem linken Knie Marias. Bewegungslosigkeit und Erstarrung bestimmen das Vesperbild – ausgelöst durch den übergroßen und übermenschlichen Schmerz, da Maria innerlich am Leiden und Opfer ihres Sohnes teilnimmt.

Ist ein Mensch auf aller Erden,
der nicht muss erweichet werden,
wenn er Christi Mutter denkt,
wie sie, ganz von Weh zerschlagen,
bleich da steht, ohn' alles Klagen,
nur ins Leid des Sohns versenkt?

Drücke deines Sohnes Wunden,
so wie du sie selbst empfunden,
heil'ge Mutter, in mein Herz!
Dass ich weiß, was ich verschuldet,
was dein Sohn für mich erduldet,
gib mir Teil an seinem Schmerz!
Aus dem «Stabat mater»,
Jacopone da Todi zugeschrieben

Schaut man genau auf den Kopfschleier Marias, sieht man auf ihm vom Kreuz herabgefallene Blutstropfen Jesu. Durch die Vielfalt der Mantelfalten wird jegliche Körperlichkeit der Marienfigur aufgehoben. Maria tritt zurück, indem sie uns ihren Sohn zeigt. Das Blut, das aus der uns zugewandten Seitenwunde strömt, bildet sich zu einer großen roten Weintraube. Ebenso sind die Blutstropfen, die aus den anderen vier Wunden quellen, auch als plastische Trauben geformt. Die Weintrauben sind eine bewusste Anspielung auf die «mystische Traube Christus», die um der Menschen willen zertreten und gekeltert wurde, damit wir durch sein Blut Erlösung finden. Der lebendige Wein für das Abendmahl, die heilige Eucharistie, fließt aus den Wunden Jesu Christi.

Den Sockel des Vesperbildes verzieren drei große Rosetten, die auf den Betrachter gerichtet sind. Im ersten Augenblick könnte man meinen, dass diese sich auf Maria, die «Rose ohne Dornen», beziehen. Bonaventura (1221–1274), der bedeutendste franziskanische Philosoph und Theologe der Scholastik, sieht in den roten Rosen jedoch ein Symbol für die Wunden Christi. Die Mystikerin Mechthild von Magdeburg (1207–1282), die als Zisterzienserin im Kloster Helfta lebte, interpretiert die Rose als Zeichen für die Geduld Christi während seiner Passion. Es gibt Bilder aus der gleichen Zeit wie unser Vesperbild, auf denen Christus als Schmerzensmann ohne seine Mutter abgebildet ist. Auf ihnen sind Rosenblüten zu sehen, die Christus umrahmen.

Die Rosen, die Trauben aus Blut, die Dornenkrone um das Haupt Christi und vornehmlich sein geschundener Körper weisen auf die Größe seines Opfers hin, an dem seine Mutter Maria seelisch teilnimmt. Kompositorisch gleichrangig wird auch ihr unsagbarer Schmerz dargestellt. Durch die leicht geneigte Kopfhaltung kann der Betrachter das Gesicht und den sich darin widerspiegelnden großen Schmerz Marias deutlich wahrnehmen. Wenn man das Vesperbild lange betrachtet, offenbart sich eine religiöse Fülle göttlicher Gnade einerseits und andererseits tiefes menschliches Mitgefühl. Man spürt, dass auch dieser Augenblick eine Wirklichkeit vom Leben dieser Frau aussagt: Das Leid der Welt auf dem Schoß der Mutter.

Rose ohne Dornen

Du, Maria, verstandest nicht, als der Engel bei dir eintrat
und dich nach dem Ja fragte, Mutter des Herrn zu werden.
Du, Maria, verstandest deinen geliebten Sohn nicht,
als du ihn suchtest und er im Haus seines Vaters war.
Du bewahrtest, alles was geschah, in deinem Herzen
und sprachst mit niemandem über das Geheimnis.
Du, Maria, verstandest nicht, als dein Sohn Jesus Christus
am Kreuz starb und dir ein Schwert durch die Seele drang.

Hingebungsvoll hast du, Maria, den Plan Gottes bejaht
und dich von seinem Heiligen Geist führen lassen.
Du bist voll der Gnade, die Gott in dir ausgegossen hat.
Wie in einem Kelch hast du seinen Sohn empfangen.
Aus dem Becher des Neuen Bundes dürfen wir trinken –
Fülle über Fülle seiner unendlichen göttlichen Gnade.

Du, Maria, bist die edle Rose, schön und auserwählt.
Du, Maria, Rosenstock aus der Wurzel Jesse,
hast uns durch deinen Sohn den Erlöser
Jesus Christus geschenkt.
Du mystische Rose, du Rose ohne Dornen,
blühst immer als Blume der Liebe,
die Gott in unser Herz hat gesenkt.

Als Königin des Himmels trägst du ein blaues Gewand,
angetan und durchstrahlt mit dem Glanz der Gestirne.
Der Mond, dein Wesenssymbol, spiegelt dein Bildnis.
Gegrüßet seist du, Königin, erhabne Frau des Himmels,
sei du auch unsere Mutter, Fürsprecherin und Helferin.

Nachwort

Maria, Urbild der Erlösung

Maria und die große Schar der Heiligen zu verehren wird von vielen Menschen als einer der biblisch nicht begründeten Seitentriebe angesehen, mit dem die katholische Kirche sich im Lauf der Jahrhunderte angereichert habe. Dem ist nicht so, denn bereits zur Zeit der Apostel wurde Maria, die Mutter Jesu, von ihnen auf besondere Weise verehrt, was sich dann in der Kirchengeschichte entsprechend bis heute fortsetzte. Weitaus mehr noch als in der katholischen Kirche werden in den orthodoxen Kirchen Maria und die Heiligen in die Liturgie einbezogen. Die Bilderwand oder Ikonostase trennt den Altarraum von dem Kirchenraum, in dem sich die Gläubigen befinden. In das Holz der Trennwand – drei Türen führen durch sie in den Altarraum – sind die kostbaren Ikonen eingefasst.

Die Ikonenwand soll der Gemeinde verdeutlichen, dass wir Christus und den in ihm uns zugewandten dreieinigen Gott nicht anders begegnen als in und mit der Gottesmutter Maria und der Gemeinschaft der Heiligen. Vielleicht hilft dieser Gedanke zu verstehen, dass die Kirche unsere Mutter ist und diese Mütterlichkeit anschaulich wird durch Maria, die Mutter Jesu. In der katholischen Kirche gibt es drei Hochfeste zu Ehren Marias:

- das «Hochfest der Gottesmutter Maria». Dieses Marienfest, das am 1. Januar gefeiert wird, gehört zur Weihnachtsoktav und ist das älteste römische Mariengedächtnis.
- «Hochfest der ohne Erbsünde empfangenen Jungfrau und Gottesmutter Maria». Dieses Marienfest am 8. Dezember feiert den Glauben der Kirche an die Erwählung der Gottesmutter, dass Maria vom ersten Augenblick ihres Daseins im Schoß ihrer Mutter «vor jeglichem Makel der Urschuld unversehrt bewahrt wurde» und im Blick auf Christus «voraus-erlöst» uns als Urbild der Erlösung vorausgeht.
- «Hochfest der Aufnahme Marias in den Himmel». Dieses Fest, auch «Maria Himmelfahrt» genannt, wird am 15. August gefeiert. Es feiert, dass Maria als Urbild der Erlösung auch das Urbild der Vollendung ist: In ihrer Aufnahme in den Himmel ist die endzeitliche Hochzeit des Gottesreiches, in der Himmel und Erde sich verbinden, bereits Wirklichkeit.

Die ersterlöste Mutter des Erlösers

Bevor ich Priester wurde – das muss ich ehrlich gestehen – habe ich mir unter der Bezeichnung «Unbefleckte Empfängnis Mariens» und dem Hochfest am 8. Dezember vorgestellt, dass Maria ihren Sohn Jesus jungfräulich empfangen hat oder gar selbst ohne männliche Mitwirkung ins menschliche Dasein getreten ist. Erst später während des Studiums im Fach Dogmatik wurden mir die wahren Zusammenhänge klar, aber auch die Tatsache, wie irreführend die Bezeichnung «Unbefleckte Empfängnis» (immaculata conceptio) ist.

Dieses Marienfest feiert den Glauben der Kirche, dass Maria vom ersten Augenblick ihres Daseins im Schoß ihrer Mutter «vor jeglichem Makel der Urschuld unversehrt bewahrt wurde». Um 700 entstand in der byzantinischen Kirche ein bescheidenes Fest: «Empfängnis der hl. Anna». Im 9. Jahrhundert wurde dieser Festtag in Süditalien, in Irland und dann in England eingeführt. Johannes Duns Scotus (um 1266–1308), bedeutendster Theologe und Philosoph des Franziskanerordens im lateinischen Mittelalter, löste die dogmatische Frage mit seiner Formel: «Im Hinblick auf die Verdienste des gekreuzigten Herrn Jesus Christus wurde Maria – zwar nicht grundsätzlich, aber faktisch – von der Erbschuld freigehalten und vom ersten Augenblick ihres Daseins an mit der Gnade erfüllt.»

Von diesem Zeitpunkt an wechselte das Fest «Empfängnis der hl. Anna» den Akzent und hob das unbefleckte Empfangenwerden Marias hervor. Papst Sixtus IV. (1471–1484) führte das Fest 476 für Italien, Irland, England und Frankreich ein als Fest der «Empfängnis der unbefleckten Maria». Papst Clemens XI. (1700–1721) dehnte es 1708 auf die gesamte römische Liturgie aus. 1854 gab die Verkündigung des Dogmas von der Immaculata durch Papst Pius IX. (1846 – 1878) dem Fest neuen Glanz.

Das durch das Apostolische Schreiben «Ineffabilis Deus» am 8. Dezember 1854 verkündete Dogma lautet: «Die Lehre, dass die seligste Jungfrau Maria im ersten Augenblick ihrer

Empfängnis durch ein einzigartiges Gnadenprivileg des allmächtiges Gottes, im Hinblick auf die Verdienste Jesu Christi, des Erretters des Menschengeschlechtes, vor jedem Schaden der Erbsünde unversehrt bewahrt wurde, ist von Gott geoffenbart und darum von allen Gläubigen fest und beständig zu glauben.»

Viele Heilige aus früherer Zeit haben ihre Weihe an die unbefleckt empfangene Gottesmutter mit ihrem eigenen Blut unterschrieben. Nach meinen Erfahrungen interessiert man sich heute recht wenig für das Fest, und so ist es wieder im Werktag versunken. Doch sollten gerade an dem Hochfest der ohne Erbsünde empfangenen Jungfrau und Gottesmutter Maria, das von den besonderen Gnaden der Gottesmutter zeugt, die Würde eines jeden Menschen und die Herrlichkeit der Liebe Gottes zum Menschen kundgetan werden.

In dem Erbe, das einen Menschen Mensch werden lässt, bringen wir von unseren Eltern eine gewisse Prägung mit. Das Erbgut bestimmt unser Leben in gewisser Weise.

Johann Sebastian Bach (1685–1750) stammte aus einer Musikerfamilie, deren Musikalität man bis um 1550 zurückverfolgen kann. Seine hervorragenden Söhne waren wiederum Musiker: Wilhelm Friedemann Bach (1710–1784), der älteste Sohn, war Organist in Dresden und Halle an der Saale. Carl Philipp Emanuel Bach (1714–1788) war Cembalist am preußischen Hof in Berlin und später Musikdirektor in Hamburg. Johann Christoph Friedrich Bach (1732–1795) war Konzertmeister am Hof der Grafen von Schaumburg-Lippe in Bückeburg. Johann Christian Bach (1735–1782) war der jüngste Sohn Johann Sebastian Bachs. Er war Domorganist in Mailand und später königlicher

Musikmeister in London. Sein Einfluss auf Wolfgang Amadeus Mozart ist unverkennbar.

Eine gewisse Vererbung gibt es auf allen Gebieten. So erzählte mir mein geistlicher Lehrer Heinrich Spaemann einmal, dass er den international gefeierten italienischen Jongleur Enrico Rastelli (1896–1931) persönlich gekannt und von ihm erfahren habe, dass seine Eltern und Vorfahren ebenfalls Jongleure und Akrobaten waren – und das schon seit zweihundert Jahren. Er sei völlig von dem Erbe seiner Eltern geprägt gewesen und habe schon als Kind mit ihnen im Zirkus gearbeitet. Rastelli vollbrachte Kunststücke, die man bisher nicht für möglich hielt. So konnte er zum Beispiel mit zehn Bällen gleichzeitig in der Luft jonglieren.

Wir Menschen erfahren also Prägungen, die das Ganze unseres Daseins betreffen – also nicht nur den Körper, sondern auch die Seele. Es bringt also jemand von seinen Eltern bestimmte positive Anlagen mit, aber auch Schwächen. Doch es kann sein, dass eine Prägung von oben, von Gott, einen Menschen so ergreifen kann, dass die Faktoren seiner Prägung durch seine Eltern und deren Vorgeschichte unwirksam gemacht werden. Die Prägung von oben setzt also die Vorprägung eines Menschen durch seine Eltern außer Kraft und etwas ganz Neues erblüht. Um diese wunderbare Möglichkeit geschenkter Gnade an einem Beispiel aufzuzeigen, möchte ich gern Heinrich Spaemann wiedergeben, der mir die folgende Begebenheit erzählte:

Kurz nach dem Zweiten Weltkrieg, also 1945, war Heinrich Spaemann Kaplan in einer Gemeinde, die ihre Kirche verloren hatte. In einem alten Gasthaus sollte nun eine Kapelle eingerichtet werden. Beim Umbau fand sich immer ein Mädchen ein, das vielleicht fünf oder sechs Jahre alt war. Es stand einfach da und schaute stundenlang zu. Wie Spaemann erfuhr, war sein Vater mehrfach vorbestraft und inhaftiert. Das Mädchen hatte mehrere Geschwister; die Mutter war im Krieg ein Opfer der Bomben geworden. Die Kinder lebten beim Vater. Zwei der Brüder saßen später ebenfalls ein. Die Familie galt als asozial, und der Ruf dieser Familie war nicht gut.

Das Mädchen hielt sich fast ständig bei dieser Kapelle auf; es wohnte in der Nachbarschaft. Mit großem Interesse und großer Aufmerksamkeit verfolgte es alles, was dort geschah. Als die Kapelle fertiggestellt war, kam es mit zu den Gottesdiensten und nahm am Religionsunterricht teil, den Kaplan Spaemann erteilte. Dies geschah mit einer Begeisterung, die andere Kinder nicht aufbrachten. In der Fastenzeit 1946 war in der Gemeinde von Taufvorbereitung und Taufe die Rede. Das Mädchen erfuhr von seinem Vater, dass es nicht getauft war. Als der Kaplan hörte, dass es unbedingt getauft werden wollte, sagte er: «Dann musst du das selbst bei deinem Vater durchsetzen.»

Spaemann hatte vorher den Vater bereits besucht und erfahren, dass er niemals eine Taufe seiner Tochter zulassen würde. Seine Tochter muss ihn jedoch unentwegt darauf angesprochen haben, bis er dann letztlich doch die Einwilligung gab. Das Mädchen wurde getauft, und die ausgezeichnete Taufpatin, die es bekam, kümmerte sich in ganz besonderer Weise um das Kind. Obwohl alle Faktoren ihrer Herkunft dagegen sprachen, entwickelte sich das Mädchen zu einem Menschen – diese Möglichkeiten hat die Gnade –, der sich Gott zuwandte und sich Gott schenkte. Als junge Frau trat sie dann später bei den «Barmherzigen Schwestern von Vinzenz von Paul» ein und wurde Vinzentinerin.

Aber noch eines dürfte recht interessant sein: Als Vinzentinerin kam sie ständig in Milieus, die irgendeine Prägung aus ihrem früheren so belasteten Leben in ihr wachriefen. Sie spürte, dass sie ihrer Berufung als Vinzentinerin nicht treu bleiben konnte, wenn sie weiterhin ständig mit der Welt konfrontiert wurde, aus der sie und ihre Familie kamen. Sie entschloss sich dann, den Orden zu wechseln und Klarisse zu werden. Der Eintritt in diesen beschaulichen Orden, dessen Schwestern den Großteil ihres Lebens im Gebet verbringen, war genau der richtige Schritt für sie. Dort wurde sie ein überaus glücklicher Mensch – eine Bereicherung für die Gemeinschaft. Das hielt sie durch.

So kann es also sein, dass jemand durch eine Neuprägung vom Geist Gottes ergriffen wird, und etwas ganz Neues kann erblühen.

Bei der «Erbsünde» handelt es sich um eine jeder möglichen Freiheitsentscheidung vorgegebenen Belastung unserer sittlichen Existenz. Diese oftmals uns sehr belastende Situation haben wir nicht selbst zu verantworten, dennoch müssen wir sie tragen, und sie prägt unser Dasein – vornehmlich unsere Entscheidungsbasis. Wir werden in diese Welt hineingeboren und müssen ohne unser Verschulden manche Unstimmigkeiten, ja, sogar Unheilssituationen ertragen, die wir aber durch unsere eigenen Sünden vermehren. Durch eine falsche Wahl machen wir somit die Erbsünde zu unserer eigenen Sünde, die dann ein gewisses Schuldgefühl bei uns auslöst.

Schuld, die wir auf uns geladen haben, darf aber nicht als Grund für ein auswegloses Schicksal angesehen werden. Das Leben kann niemals hoffnungslos verloren sein, denn Ausweglosigkeit widerspricht dem Glauben an Gottes Sieghaftigkeit über die Sünde. Wenn die vergebende und liebende Existenz Gottes geleugnet wird, kann die Schuld zum Minderwertigkeitskomplex eines einzelnen Menschen oder gar einer Gruppe oder eines ganzen Volkes werden.

Es gibt einen Wert im Menschen, der nicht infrage gestellt werden kann. In der Erwählung Marias durch Gott ist uns ein Zeichen gegeben, an die unzerstörbare Würde des Menschen zu glauben und einzusehen, dass der Wert und die Würde eines jeden Menschen auch inmitten aller Bedrohung und Zerstörung von Gott in Jesus Christus garantiert ist und verteidigt wird.

Viele Menschen sind der festen Überzeugung, dass sie angesichts von Schuld, Gemeinheit und Bosheit hoffnungslos einem Abgrund ausgeliefert sind. Die Folge ist, dass sie an der Sinnhaftigkeit ihres Lebens zweifeln, besonders dann, wenn sie erleben müssen, dass der Wert und die Größe des Menschen in den Staub getreten werden.

Aber dies ist nicht der Weg, der uns weiterführt. Wir leben mit einem Funken Hoffnung, der zum Feuer werden soll. Die Gestalt Marias soll uns deutlich machen, wem wir eine grundsätzliche Rettung des Menschen zutrauen dürfen. Uns selbst dürfen wir da am wenigsten zuschreiben, aber alles Christus, der als Herrscher den Plan Gottes durchsetzt und verwirklicht. Maria, ein Mensch aus unserer Welt, ist Zeichen für die Hoffnung aller Menschen auf Rettung und Erlösung. Sie zeigt uns, wie es möglich ist, von der Kraft und Liebe Gottes auch durch unwegsame Abschnitte unseres Lebens getragen zu werden.

Dem bedeutendsten russischen Schriftsteller, Fjodor Michailowitsch Dostojewski (1821–1881), wurden heftige Schuld- und Leiderfahrungen während seines gesamten

Lebens nicht erspart. In jedem Jahr fuhr er nach Dresden und betrachtete dort in der Gemäldegalerie stundenlang – und das über mehrere Tage – die «Sixtinische Madonna» von Raffael. Als man ihn fragte, warum er das tue, gab er zur Antwort: «Damit ich nicht an der Menschheit verzweifle.»

Das ermutigende Zeichen für uns alle ist Maria. Das, was an ihr geschehen ist, kann man nur von Jesus her sehen und verstehen. Mit Jesus Christus kommt der Mensch in unsere Welt, der das Ebenbild Gottes ist und in dem die Fülle Gottes leibhaftig wohnt. In Jesus begegnet uns der reine, absolut wahre Mensch, der zugleich Sohn des göttlichen Vaters und damit selbst Gott ist. In ihm ist nicht die geringste Minderung oder Verschattung menschlichen Seins. Jesus ist durchdrungen von Gott und gleichzeitig ganz Mensch in der Fülle des Menschseins. Seine Reinheit, Wahrheit und Klarheit spiegeln sich auch in seinem Menschsein wie eine reine Quelle des Lebens wider.

Die Mutter des Erlösers sollte nicht einen Augenblick unter der Gewalt des Bösen stehen. Dass nicht alles dem Bösen unterworfen ist, schenkt uns Hoffnung auf den Sieg der Gnade auch in uns. Durch Maria, unsere Hoffnung, Wegweiser zu Gott und Künderin seiner Herrlichkeit, schöpfen wir Kraft, um den Kampf gegen das Böse zu bestehen. Maria ist zu dem Menschen geworden, wie ihn der Schöpfer einst wollte: heil inmitten einer unheilvollen Welt. Diese Sündenfreiheit Marias wurde schon in frühester Zeit der Kirche erkannt. Gott schuf in angemessener Weise für die Menschwerdung seines Sohnes Jesus Christus in Maria einen menschlich-mütterlichen Raum, der makellos war. Darum traf er Vorsorge und machte Maria zur Ersterlösten, sodass ihr «Ja» in wunderbarer Weise sowohl Folge als auch Grundlage der Erlösungstat Christi ist.

Es gibt nach der Sünde und dem Fall der ersten Menschen keinen Menschen, der so in der göttlichen Existenztiefe und in der völligen Hingabe an Gott zu leben vermag wie Maria. In ihr begegnet uns der heile, von Gottes Gnade durchlichtete Mensch, der Jesus Christus empfängt, zur Welt bringt und erzieht, denn Jesus brauchte als Kind eine menschliche Mutter und einen Vater. Jesus brauchte Weisung, Führung und ein Milieu, das seinem wunderbaren Sein und seiner Berufung als Messias entsprach.

Wer sich dem Offenbarungsgeschehen nähert, wird dem Menschen Maria begegnen, Maria, die angewiesen war auf die Gnade Gottes – genau wie wir es sind. Gott bewahrte sie vor all den Sünden, die wir vielleicht schon begangen haben und die in uns noch möglich sind. Wir bitten Maria, dass sie uns auf einen Weg führt, auf dem Gott uns völlig von allen Sünden reinigt, um uns für die ganze Fülle der Seligkeit zu bereiten, die er für uns vorgesehen hat.

Die Verherrlichung der Gottesmagd

Bald nach dem Konzil von Ephesus (431) kam ein Marienfest auf, das das Hinscheiden Marias und ihre Aufnahme in den Himmel zum Inhalt hatte. Obwohl vorher Ungewissheit über Marias Lebensende herrschte, wurde ihre Verherrlichung bereits erwogen. So schreibt Epiphanios von Salamis (gest. 403), Bischof und Förderer des Mönchtums:

- «Mag sein, die heilige Jungfrau ist gestorben und wurde begraben; dann ist ihr Tod mit Ehre verbunden, ihr Ende mit Reinheit; dann hat sie die Krone der Jungfräulichkeit erreicht.
- Mag sein, sie wurde getötet und begraben, wie die Schrift sagt: *Und ihre Seele wird ein Schwert durchdringen* (Lukas 2,25); dann ist ihr Los die Gemeinschaft und Ehre der Märtyrer und ihr heiliger Leib mit Seligkeit überhäuft; denn durch ihn hat Gott Licht in die Welt gebracht.
- Mag sein, dass sie am Leben blieb; denn bei Gott ist nichts unmöglich. Ihr Ende aber kennt niemand.»

Der oströmische Kaiser Mauritius (582–602) führte das Marienfest per Gesetz dann allgemein verbindlich unter dem Namen «Marias Entschlafung» ein – im Griechischen *Koimesis* und im Lateinischen *Dormitio Mariae* genannt. In der orthodoxen Kirche findet vor dem Fest das zweiwöchige Marienfasten statt, in dem nach Möglichkeit auf Fleisch, Fisch, Milchprodukte und auf Wein und Öl verzichtet werden soll. Die älteste apokryphe Schrift, auf die dieses Fest zurückgeht, soll um 400 unter dem Namen *Transitus Mariae* («Hinübergang Mariens») entstanden sein – einzelne Motive reichen sogar bis ins zweite Jahrhundert zurück. Diese Texte wurden für die Liturgie der byzantinischen Kirche und das Schreiben von Ikonen besonders wichtig. In der Zeit zwischen dem fünften und dem siebten Jahrhundert kamen mehrere «Transitus-Mariae-Berichte» auf, die Marias Heimgang legendenhaft schildern. Sowohl im Osten als auch im Westen schöpften Theologen, Prediger und Künstler daraus.

Das bekannteste Sterbeprotokoll «De transitu beatae Mariae virginis» berichtet ausführlich über den Tod und die Himmelfahrt Marias. Noch vor der Passion habe Maria ihrem Sohn das Versprechen abgenommen, ihr drei Tage vorher mitzuteilen, wann sie sterben werde. Jesus habe es ihr zugesagt und ihr darüber hinaus versprochen, dass in ihrer Todesstunde alle Apostel zugegen sein würden und dass er ihre Seele, wenn sie sich vom Leib getrennt habe, in den Himmel tragen würde. Nach dieser Legende erschien drei Tage vor Marias Tod ein Engel bei ihr und kündigte an, dass ihr Leben zu Ende gehe und sie von Gott in den Himmel aufgenommen werde. Maria bat ihre Verwandten und Bekannten zu sich und verabschiedete sich von ihnen. Auf wunderbare Weise kamen auch alle Apostel, ohne dass sie jemand benachrichtigt hatte, zu ihr nach Jerusalem. Maria sagte zu ihnen: «Betet und wachet mit mir, dass euch der Herr wachend findet, wenn er kommt, um meine Seele in Empfang zu nehmen.» Die Apostel erfüllten selbstverständlich die Bitte Marias, zündeten große Kerzen an, beteten und sangen Psalmen und Hymnen. Von Dämonen, die sich gern bei Sterbenden versammeln, blieb Marias Sterben verschont. Zur angegebenen Stunde kam Christus, von Engeln begleitet, und empfing die Seele Marias, nahm sie in seine Hände und geleitete sie in den Himmel.

Diese Legende der Entschlafung Marias wurde oft gelesen, häufig abgeschrieben und in Form von Bildern und Ikonen gestaltet. Im Mittelalter prägte sie das Glaubensgefühl der Kirche. Zu wissen, dass man in absehbarer Zeit sterben muss und in der Todesstunde nicht allein ist, sondern von lieben Menschen betend und fürsorgend begleitet wird, gehörte zu den besonderen Gnadenzuwendungen

Gottes, die einem Sterbenden zuteil wurden. Maria, voll der Gnade, durfte in ihrem Sterben und in ihrem Tod diese Gnade erfahren.

Die Kerzen, die die Apostel angezündet hatten, repräsentieren für alle Zeit die Gegenwart Jesu Christi und vertreiben alle bösen Mächte. Aus dem Heimgang Marias entstand eine Anleitung zu wissendem Sterben. Maria hatte den sehnlichen Wunsch, nicht allein zu sterben – Verwandte, Bekannte und vor allem die Apostel waren in ihrer Todesstunde bei ihr. In einer strahlenden Aura von Licht und von Engeln umgeben, führte Jesus Christus die Seele seiner Mutter Maria vor den Augen der umstehenden Apostel in den Himmel.

Nach einer anderen Legende begruben die Apostel und Jünger den Leichnam der Gottesmutter. Doch bald darauf schon bat sie eine Stimme, zum Grab zu eilen und es zu öffnen. Sie wälzten den Stein vom Grabmal und öffneten es. An der Stelle, wo der Leichnam gelegen hatte, fanden sie wunderbar duftende Blüten und Kräuter. In der katholischen Kirche werden daher seit Jahrhunderten am Fest der Aufnahme Marias in den Himmel Heilkräuter gesegnet. Zu dieser Kräuterweihe werden aus jeweils sieben verschiedenen Kräutern, die die sieben Sakramente und die sieben Schmerzen Marias symbolisieren, viele Sträuße gebunden. Wie die Kräuter Heilung bringen, so bringt auch der Glaube an Jesus Christus den Menschen Heilung und Heil.

Die geweihten Kräuter werden von den Gläubigen mit nach Hause genommen und in der Wohnung oder auf dem Dachboden eines Hauses aufgehängt, um die Bewohner vor Blitzschlag, Krankheiten und vor allem vor einem plötzlichen Tod zu schützen.

Die Ikonen der «Entschlafung der Gottesmutter» sind über die Jahrhunderte gleich geblieben. Im Vordergrund steht das oftmals reich verzierte Sterbebett, auf dem Maria liegt. Alle Apostel sind von ihren Missionsarbeiten und Missionsreisen nach Jerusalem zurückgekehrt, um zu ihrer letzten Stunde bei Maria zu sein. Maria geht in ihrem Sterben den Weg nach innen. Auf vielen Ikonen tragen die Apostel eine brennende Kerze in ihren Händen. In einer Mandorla, in der verschiedene Stufen der Engel abgebildet sind, erscheint Christus hinter dem Sterbebett, der die kleine, mit Tüchern umhüllte Seele seiner Mutter empfängt. Die Seele Marias ist wie ein kleiner Mensch dargestellt, den der Herr behutsam auf seinen Armen trägt.

Die westliche Kirche, die seit der Mainzer Synode von 813 das Fest übernommen hat, benutzt nicht mehr den Namen «Marias Entschlafung», sondern «Aufnahme Marias in den Himmel» *(Assumptio Beatae Mariae Virginis).* Vom Christusereignis her wird die Verherrlichung Marias bestimmt. Als seine Mutter bleibt sie für immer mit ihrem geliebten Sohn verbunden. Aus dieser endgültigen Christusgemeinschaft heraus tritt Maria fürbittend für die Kirche ein. Schon früh setzte sich die Glaubensüberzeugung durch, dass die Gottesmutter zwar gestorben sei, aber nicht durch die Bande des Todes festgehalten werden konnte.

Auf die folgenden Bibelstellen weisen viele Kirchenväter und spätere Theologen hin, wenn sie die Verherrlichung Marias zum Ausdruck bringen möchten:

- *Die aber, die er* (Gott) *vorausbestimmt hat, hat er auch berufen, und die er berufen hat, hat er auch gerecht gemacht; die er aber gerecht gemacht hat, die hat er auch verherrlicht* (Römer 8,30).

- *Denn in ihm* (Christus) *hat er uns erwählt vor der Erschaffung der Welt, damit wir heilig und untadelig leben vor Gott; er hat uns aus Liebe im Voraus dazu bestimmt, seine Söhne zu werden durch Jesus Christus und nach seinem gnädigen Willen zu ihm zu gelangen* (Epheser 1,4–5).
- *Er* (Gott) *hat uns mit Christus auferweckt und uns zusammen mit ihm einen Platz im Himmel gegeben. Dadurch, dass er in Christus Jesus gütig an uns handelte, wollte er den kommenden Zeiten den überfließenden Reichtum seiner Gnade zeigen* (Epheser 2,6–7).
- *Ihr seid gestorben, und euer Leben ist mit Christus verborgen in Gott. Wenn Christus, unser Leben, offenbar wird, dann werdet auch ihr mit ihm offenbar werden in Herrlichkeit* (Kolosser 3,3–4).
- *Jetzt schauen wir in einen Spiegel und sehen nur rätselhafte Umrisse, dann aber schauen wir von Angesicht zu Angesicht. Jetzt erkenne ich unvollkommen, dann aber werde ich durch und durch erkennen, so wie ich auch durch und durch erkannt worden bin* (1 Korinther 13,12).
- *Dann erschien ein großes Zeichen am Himmel: eine Frau, mit der Sonne bekleidet; der Mond war unter ihren Füßen und ein Kranz von zwölf Sternen auf ihrem Haupt* (Offenbarung 12,1).

Der Kirchenlehrer Bonaventura argumentiert zu Marias Verherrlichung: «Weil die im Tod vom Leib getrennte Seele keine Person ist, wäre Marias Vollendung apersonal und nicht in vollem Maß beseligend, würde man sie nur als Seele fassen.» Der tiefe Glaube an Marias vollkommene Vollendung und das positive Echo der Bischöfe ermutigten

Papst Pius XII. (1939–1958), im Jahr 1950 die Dogmatisierung durch das Apostolische Schreiben «Minificentissimus Deus» zu vollziehen:

«Wir verkünden, erklären und definieren es als ein von Gott geoffenbartes Dogma, dass die unbefleckte, allzeit jungfräuliche Gottesmutter Maria nach Ablauf ihres irdischen Lebens mit Leib und Seele in die himmlische Herrlichkeit aufgenommen wurde.»

Jesus wäre kein Mensch geworden, wenn er sich nicht einem Menschen, seiner Mutter, zu verdanken hätte und im gleichen Akt seinem himmlischen Vater, der ihm «erlaubt» hat, Mensch zu werden, um die Welt zum Vater zurückzuholen. Durch die Gnade ist Maria ebenso erlöst wie alle anderen, nur auf eine besondere Art, die in ihrer Sendung begründet ist, die Mutter Jesu zu werden und zu sein. Sie ist «voraus erlöst», um den Erlöser empfangen und gebären zu können. Niemand hat so wie sie das Wort Gottes gehört und befolgt. Ihr Glaube war erfüllende Inkarnation des göttlichen Verheißungswortes.

Das Geheimnis Marias und das Geheimnis der Kirche durchdringen und erhellen sich wechselseitig, und jedes bedarf des anderen, um den richtigen Platz zu erhalten und um richtig beleuchtet zu werden. Daher ist es wichtig, wenn wir über Maria nachdenken, dies immer mit dem Blick auf Christus und die Kirche zu tun. Maria und nach ihr die Gemeinschaft der Heiligen und die der Gläubigen bilden eine zusammenhängende Kette, die in Gottvater ihren Anfang nimmt und sich durch, mit und in Christus im Heiligen Geist wieder schließt.

Die Kirche hat ihr Ziel – im Gegensatz zu Maria – noch nicht erreicht. Maria ist durch ihre Aufnahme in den Himmel nicht nur vorerlöst, sondern auch vollendet umgestaltet zur bleibenden Herrlichkeit.

Ein Wort Jesu aus der Bergpredigt enthält das Geheimnis des Festes der «Aufnahme Marias in den Himmel»: *Das Auge gibt dem Körper Licht. Wenn dein Auge gesund ist, dann wird dein ganzer Körper hell sein* (Matthäus 6,22). Jesus meint mit dem «Auge» den innersten Wesensgrund des Menschen. Wenn dieser ganz Gott zugewandt ist, nicht verschattet durch Ichsüchtiges im Menschen, das ihm den wirklichen Gott verbirgt, dann ist auch leibhaftig der Mensch in Gott, er bewegt sich und lebt in Gott – und Gott ist in ihm. *Selig, die ein reines Herz haben; denn sie werden Gott schauen* (Matthäus 5,8). Das «Auge» steht, wie auch in dieser Seligpreisung, für den Wesensgrund des Menschen, für die Seele und ihre innerste Würde.

In Maria war anfangs noch ein leiser Schleier über ihrem Wesensgrund, der das reine Durchdringen des Lichtes hinderte. Dieser Schleier hebt sich jedoch in dem Augenblick, als Maria die Kreuzigung Jesu miterlebt, als sie das mitleidet, was er leidet, und durch Gott eingeweiht wird in den Sinn dieses Geschehens. Maria ist fest davon überzeugt, dass sich alles wandeln wird: Der Tod geht über in die Auferstehung in Herrlichkeit. Jetzt ist sie zu einem reinen Spiegel der göttlichen Wesenheit geworden.

Von hier aus dürfen wir die feste Zuversicht haben, dass Maria mit Leib und Seele in den Himmel aufgenommen worden ist. Nicht der alternde Leib wurde in den Himmel aufgenommen, sondern der Leib des Wesens, der Wesensleib Marias. Es ist ein zeitloser Leib, ein Leib, der ganz von der Lichtherrlichkeit Gottes durchdrungen ist. Maria ist zum reinsten und schönsten Ebenbild Gottes geworden.

Maria hat alle Züge des Wesens Jesu wahrgenommen, und dadurch haben sich mehr und mehr die göttlichen Züge in ihrem Wesen geformt. Ihren Leib, diese ganz reine, gute Erde, durfte sie Jesus zur Verfügung stellen. Alle göttlichen Worte, alles, was Jesus tat, sagte und wie er sich verhielt, waren wie eine Saat, die in ihr aufging und die ihr Wesen durch und durch prägte. *Selig ist die, die geglaubt hat, dass sich erfüllt, was der Herr ihr sagen ließ* (Lukas 1,45).

Salve Regina

Sei gegrüßt, o Königin,
Mutter der Barmherzigkeit,
unser Leben, unsre Wonne
und unsere Hoffnung, sei gegrüßt!
Zu dir rufen wir verbannte Kinder Evas;
zu dir seufzen wir
trauernd und weinend in diesem Tal der Tränen.
Wohlan denn, unsre Fürsprecherin,
wende deine barmherzigen Augen uns zu,
und nach diesem Elend zeige uns Jesus,
die gebenedeite Frucht deines Leibes.
O gütige, o milde, o süße Jungfrau Maria.
Hermann von Reichenau (1013–1054) zugeschrieben

Bibelstellenverzeichnis

Literaturverzeichnis

Aurelius Augustinus: Vorträge über das Evangelium des hl. Johannes. Übersetzt und mit einer Einleitung versehen von Dr. Thomas Specht. I. Band. Vorträge 1–23. Bibliothek der Kirchenväter. Kempten und München 1913.

Klaus Berger: Das Neue Testament und frühchristliche Schriften. Frankfurt am Main 1999.

Michael Blum und Peter Dyckhoff: Im Licht des Segens. Heilvolle Betrachtungen. Freiburg im Breisgau 2009.

Peter Dyckhoff: Dem Licht Christi folgen. Inspirationen für ein christliches Leben. Freiburg im Breisgau, 2. Auflage, 2012.

Peter Hawel: Die Pietà. Eine Blüte der Kunst. Würzburg 1985.

Edgar Hennecke: Neutestamentliche Apokryphen. Herausgegeben von Wilhelm Schneemelcher. 1. Band: Evangelien. Tübingen 1968.

Michael Hesemann: Maria von Nazareth. Geschichte – Archäologie – Legenden. Augsburg, 2. Auflage, 2012.

Rainer Maria Rilke: Sämtliche Werke. Herausgegeben vom Rilke-Archiv in Verbindung mit Ruth Sieber-Rilke. Besorgt durch Ernst Zinn. Frankfurt am Main 1962.

Thomas von Aquin: Cantena Aurea. Kommentar zu den Evangelien im Jahreskreis. Hrsg. von Marianne Schlosser, Florian Kolbinger, Andreas und Gerhard Schmidt, Gudrun Nassauer. St. Ottilien 2012.

Zum Autor

Peter Dyckhoff, 1937 im westfälischen Rheine geboren, studierte Psychologie und war viele Jahre als Geschäftsführer eines mittelständischen Unternehmens tätig. Mit vierzig Jahren wagte er den Neuanfang und studierte Theologie an den Universitäten Münster, Innsbruck und Brixen. 1981 zum Priester geweiht, war er als Gemeinde-, Wallfahrts- und Krankenhausseelsorger tätig. Im Bistum Hildesheim übernahm er den Aufbau und die Leitung der bischöflichen Bildungsstätte «Haus Cassian» im Weserbergland. Seit 1999 lebt Peter Dyckhoff in der Nähe von Münster und ist als Referent und Exerzitienleiter in zahlreichen Bildungseinrichtungen tätig. Er ist anerkannter Experte für das christliche Ruhegebet und wurde 2006 über dieses Thema zum Doktor der Theologie promoviert. Seine reichen Erfahrungen als Leiter spiritueller Kurse gibt er durch Fernsehsendungen und als Autor von zahlreichen Büchern und Publikationen zur christlichen Gebets-, Meditations- und Exerzitienpraxis an seine Leserinnen und Leser weiter sowie in der Ausbildung von Lehrerinnen und Lehrern des Ruhegebetes.

Der Autor ist im Internet erreichbar unter:
www.PeterDyckhoff.de

Website des Ruhegebetes: www.ruhegebet.com

Peter Dyckhoff im Verlag Herder

Wege der Freundschaft mit Gott
Geistlich leben nach Franz von Sales
400 Seiten | Gebunden mit Leseband
ISBN 978-3-451-32239-6

Auf dem Weg in die Nachfolge Christi
Geistlich leben nach Thomas von Kempen
352 Seiten | Gebunden mit Leseband
ISBN 978-3-451-28502-8

Das Ruhegebet einüben
280 Seiten | Flexcover mit Leseband
ISBN 978-3-451-32397-3

Dem Licht Christi folgen
Inspirationen für ein christliches Leben
Mit einem Geleitwort von Walter Kardinal Kasper
362 Seiten | Leinenband
ISBN 978-3-451-32486-4

Sonnenuntergänge
Vom Abschied aus dieser Welt
280 Seiten | Flexcover mit Leseband
ISBN 978-3-451-33145-9

HERDER

In das vorliegende Buch sind Texte des Autors aus seinen Veröffentlichungen «Im Licht des Segens» (2009) und «Dem Licht Christi folgen» (2012) in bearbeiteter Form eingeflossen.

FSC www.fsc.org
MIX
Papier aus verantwortungsvollen Quellen
FSC® C083411

2. Auflage 2015

www.herder.de

Umschlaggestaltung: agentur IDee
Umschlagmotiv: Gottesmutter von Neroccio (1447–1500), Musée des Beaux-Arts, Dijon
Satz: post scriptum, Emmendingen / Hüfingen
Herstellung: CPI books GmbH, Leck

Printed in Germany

ISBN 978-3-451-32729-1